고급
문장
수업

고급 문장 수업

좋은 문장을 만드는 **핵심 코드 177**

이병갑 지음

학민사
Hakmin Publishers

문법 학계에서는 '돈을 천 원을 주웠다'라는 표현을 목적격 중출 구문이라 하여 우리말의 특수한 현상으로 받아들인다. 그것이 우리말의 특수한 현상이라면 편히 써도 된다는 뜻이건만, 글을 쓰는 입장에서는 주저스러운 면이 있다. 예컨대 '철수가 영수를 어깨를 쳤다'보다는 '철수가 영수의 어깨를 쳤다'가 더 낫지 않은가.

둘 중 어느 것을 택하든 의사소통에 문제는 없다. 더구나 우리는 뜻만 통하면 된다는 인식이 강한 편이어서 글의 완성도나 유려함을 평가하는 눈이 비교적 흐릿하다. 문법 개념도 희박해서 비문조차 너그럽게 수용하는 경향이 짙다. 남의 나라 말인 영어는 전치사 하나도 꼼꼼히 따지면서 말이다. 거기엔 그럴 만한 이유가 있다. 그간 학교에서 글쓰기를 제대로 가르치지 않았을 뿐 아니라, 글쓰기를 따로 배우고자 해도 지침으로 삼을 만한 텍스트를 찾기 어렵기 때문이다.

하지만 글을 잘 쓰고자 하는 마음은 누구에게나 있다. 특히 글쓰기를 업으로 삼는 사람은 표현의 세세한 부분에까지 관심을 기울여 다듬고 또 다듬는다. 이와 관련하여 필자의 머리에 가장 강렬하게 남는 사례는 노무현 전 대통령의 유서 글이다. 유서의 한글 파일 제목은 '나로

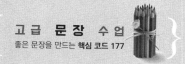

말미암아 여러 사람의 고통이 너무 크다'이고, 본문 문장은 '나로 말미암아 여러 사람이 받은 고통이 너무 크다'이다. 아래아 한글의 파일 생성 원리로부터 유추하자면 처음엔 제목과 본문이 같았는데, 나중에 본문을 고친 것이다. 삶을 마감하는 비장한 순간에도 '말미암아'와 호응하는 말이 없다는 것을 깨닫고 '받은'을 추가한 것이다.

필자는 가끔 언론사 수습기자들을 대상으로 글쓰기 강의를 하는데, 그때마다 노무현 전 대통령의 유서에 얽힌 사연을 소개하면서 '(그 분이) 왜 고쳤겠는가'를 묻는다. 제대로 답변하는 사람은 열에 하나가 안 된다. 소위 언론고시를 준비하면서 글쓰기 관련 책을 많이 보았겠지만, 이처럼 간단한 문제를 풀어 주는 책은 찾기 어렵다.

필자는 근 30년간 신문사에서 교열 일을 해 왔다. 남의 글을 조금 더 매끄럽게 다듬는 작업이다. 하지만 그 일이 그리 간단하지는 않았다. 남의 글에 손을 댄다는 것은 매우 조심스러운 일이다. 좋은 글과 나쁜 글을 구별하는 안목이 있어야 하고, 나쁜 글이 안고 있는 문제점, 곧 어색함을 자아내는 원인이 무엇인지 알아야 한다. 그렇지 않으면 제대로 된 처방은커녕 자칫 더 나쁜 문장을 만들 수도 있다. 무심코 조사 하나 바꾸었다가 글의 의도가 달라져 글쓴이의 항의를 받을 수도 있다.

그런 조심스러운 과정을 거쳐 얻은 필자의 '글다듬기 노하우'가 이 책에 담겼다. 일상의 글에서 흔히 발견되는 비문, 악문, 그리고 정문이라 하더라도 더 매끄러운 대안을 찾아보면 좋을 문장을 177가지 유형으로 추렸다. 그리고 유형별로 대표적인 문장을 제시하고 그 문장이 어색한 이유를 밝혔다. 사실 어색한 이유를 논리적으로 밝히기는 쉽지 않다. 논문 등 참고문헌이 많기는 하지만 실제 언어생활에서 부닥치는 현실적인 의문을 풀어주는 데는 한계를 보인다. 이 때문에 많은 부분을 필자의 직관에 의존해야만 했다. 이 경우 필자 스스로도 타당성을 확신하지 못하고, 혹 견강부회한 것은 아닌지 싶어 마음이 오그라드는 측면이 있음을 고백하지 않을 수 없다.

이 책의 내용 중 절반가량은 한국언론진흥재단에서 2017년에 제작한 <올바른 기사문장론>에 실려 있다. 이는 필자가 한국언론진흥재단에서 각 언론사 수습기자들을 상대로 강의했던 '글 바로쓰기'의 원고를 정리하여 언론인 교육을 위한 교재로 만든 것이다. 여기에 분량을 더 추가하여 일반인들도 접할 수 있도록 재구성한 것이 이 책이다. 따라서

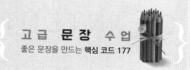

예문도 신문 기사에서 발췌한 것이 많으며, 이 때문에 논의의 방향도 신문 언어 쪽에 치우친 측면이 있음을 고백한다.

비국어 전공자가 어설픈 경험과 직관에만 의존해 한국어 관련 책을 낸 것이니 참으로 조심스럽다. 국어 전공자 및 국어학계에는 큰 누가 되지 않으면서, 더불어 좋은 글을 쓰고자 노력하는 일반인들에게 다소나마 도움이 되기를 바랄 뿐이다.

2018년 8월

이 병 갑

C◯NTENTS

책머리에 _____ 4

PART 01 단어, 구, 절의 나열

001 ♣ 단어와 단어의 연결 _____ 18
002 ♣ 같은 자격을 지닌 말끼리 _____ 20
003 ♣ 단어끼리, 구끼리, 절끼리 _____ 22
004 ♣ 같은 조사끼리 _____ 24
005 ♣ 금메달과 은메달, 금과 은메달 _____ 26

PART 02 문장 성분의 호응

006 ♣ 주어 갖추기 _____ 30
007 ♣ 주어와 술어의 연결 구조 _____ 32
008 ♣ 주어와 술어의 결합력 _____ 34
009 ♣ 주술 호응…모호한 술어 피하기 _____ 36
010 ♣ 2주어 1술어 문장의 함정 _____ 38
011 ♣ 중주어문의 약점 _____ 40
012 ♣ 주어가 되기 어려운 주어 _____ 42
013 ♣ 중간에 주어가 바뀌면 _____ 44
014 ♣ '무엇은 무엇이다' 꼴 만들기 _____ 46
015 ♣ '무엇은 무엇이 있다' 꼴 피하기 _____ 48
016 ♣ '무엇은 무엇이다' 꼴 피하기 _____ 50
017 ♣ '무엇은 무엇 때문이다' 꼴의 함정 _____ 52
018 ♣ 주어 술어 1 대 1 대응 _____ 54
019 ♣ 성분과 성분의 짝 맞음 _____ 56

020 ♣ 목적어와 서술어의 짝 _____ 58

021 ♣ 주어와 술어 사이에 부사어가 끼어들 때 _____ 60

022 ♣ 주어와 술어 간 의미의 호응 _____ 62

023 ♣ 생략된 주어 따라가기 _____ 64

PART
03 **문장**의 **연결**

024 ♣ 서술 형태를 일치시키자(1) _____ 68

025 ♣ 서술 형태를 일치시키자(2) _____ 70

026 ♣ 문장과 문장 간의 형평성 _____ 72

027 ♣ 앞말이 명령형이면 뒷말도 명령형 _____ 74

028 ♣ 부당한 서술어 공유 _____ 76

029 ♣ 서술부를 쉼표로 대체할 때 _____ 78

030 ♣ 인수분해가 잘못되면 _____ 80

031 ♣ 부당한 부사어 공유 _____ 82

PART
04 **조사**의 **특성**

032 ♣ '은/는'과 '이/가'의 차이 _____ 86

033 ♣ 종속절의 주어에는 '이/가' _____ 90

034 ♣ '-(으)로'를 남용하지 말자 _____ 93

035 ♣ '-은/-는'으로 부분부정문 만들기 _____ 95

036 ♣ 무정물에는 '에', 유정물에는 '에게' _____ 97

037 ♣ 정적인 상황에는 '에', 동적인 상황에는 '에서' _____ 99

038 ♣ '에'와 '을/를' 가려 쓰기 _____ 100

039 ♣ '에'와 '이/가' 가려 쓰기 _____ 102

CONTENTS

040 ♣ '-하기란'과 호응하는 서술어 _____ 104

041 ♣ 높임말 '께서' 가려 쓰기 _____ 106

042 ♣ '은/는'이 중첩되면 _____ 109

043 ♣ '을/를'이 연이어지면(1) _____ 112

044 ♣ '을/를'이 연이어지면(2) _____ 113

045 ♣ '을/를'이 연이어지면(3) _____ 115

046 ♣ '의'가 연이어지면 _____ 117

047 ♣ '(으)로'가 연이어지면 _____ 119

048 ♣ '도'가 연이어지면 _____ 121

049 ♣ 보조사 '은/는'의 쓰임 … '요즘'과 '요즘은' _____ 123

050 ♣ 조사 간의 결합 … '까지', '에까지', '까지도'의 선택 기준 _____ 125

PART 05 연결어미의 쓰임

051 ♣ '-고'와 '-며'의 구별(1) _____ 128

052 ♣ '-고'와 '-며'의 구별(2) _____ 130

053 ♣ '-고'와 '-며'의 구별(3) _____ 132

054 ♣ '-라고'와 '-라며'의 구별 _____ 134

055 ♣ '-며'와 '-면서'의 구별 _____ 136

056 ♣ '-며'를 잘못 사용한 경우 _____ 139

057 ♣ 앞뒤 절의 주어를 같게 하는 '-아(어)서' _____ 141

058 ♣ 앞뒤 절의 주어를 같게 하는 '-려다', '-려고' _____ 143

059 ♣ 앞뒤 절의 주어를 같게 하는 '-고도' _____ 145

060 ♣ 앞뒤 절의 주어를 같게 하는 '-다가' _____ 147

061 ♣ 앞뒤 절의 주어를 다르게 하는 '-니' _____ 149

062 ♣ 문장 끝까지 영향을 미치는 '-니', '-더니' _____ 151

063 ♣ 요즘 방송을 보면 요리가 대세다? _____ 153

064 ♣ 추우려고, 예쁘려고, 빠르려고 _____ 154

065 ♣ 죽 쑤어서 개가 먹었다? _____ 156

066 ♣ '-지 모르다'와 '줄 모르다' _____ 158

067 ♣ 연결어미 '-(하)자'와 뒷말 간의 호응 관계 _____ 160

068 ♣ 부정문과 못 어울리는 '-도록' _____ 163

069 ♣ 동사와만 어울리는 '-려면' _____ 165

070 ♣ 같은 연결어미가 연이어지면 _____ 167

PART 06 수식 구조

071 ♣ 수식하는 말끼리 비슷한 형태로 _____ 172

072 ♣ 이중 수식 구조 피하기 _____ 173

073 ♣ 꾸미는 대상을 명확히 _____ 175

074 ♣ 수식의 범위에 따른 중의성 _____ 178

075 ♣ 뜬금없는 수식어 _____ 180

076 ♣ 서울을 비롯한 경기도? _____ 182

077 ♣ 눈 폭탄이 강타한 강원도, 눈 폭탄을 맞은 강원도 _____ 184

078 ♣ '인한', '인해' 가려 쓰기 _____ 186

PART 07 부사어의 쓰임

079 ♣ '너무' 오만의 극치다? _____ 190

080 ♣ 부사어의 꾸밈 관계를 살피자 _____ 193

081 ♣ 부사어가 서술어를 잘못 만나면 _____ 196

082 ♣ 'X에서'와 호응하는 서술어 _____ 198

083 ♣ 'X에'와 호응하는 서술어 _____ 200

CONTENTS

084 ♣ 'X에게'와 호응하는 서술어 _____ 201

085 ♣ 부사어도 정해진 위치가 있다 _____ 203

086 ♣ 부사절도 주어의 영향을 받는다 _____ 204

087 ♣ 의문형과 어울리는 '얼마나' _____ 205

088 ♣ '매우'와 '거의' 가려 쓰기 _____ 207

089 ♣ 부정문과 어울리는 '결코', '좀처럼' _____ 208

090 ♣ '왜냐하면… 때문이다'의 짝 맞음 _____ 210

PART 08 시제, 상, 부정 표현

091 ♣ 우리말의 시제 표현 _____ 214

092 ♣ 현재형이냐 현재진행형이냐 _____ 216

093 ♣ 앞뒤 말의 시제가 같을 때 쓰는 '-느라고' _____ 218

094 ♣ 능동형이냐 피동형이냐(1) _____ 220

095 ♣ 능동형이냐 피동형이냐(2) _____ 222

096 ♣ 능동문과 피동문의 차이 _____ 224

097 ♣ 붕괴했나 붕괴됐나 _____ 226

098 ♣ '-화하다'와 '-화되다' _____ 228

099 ♣ 피동형 서술어를 받아들이지 못하는 문형 _____ 230

100 ♣ '잡은' 물고기와 '잡힌' 물고기 _____ 232

101 ♣ 나무로 '지은' 집, 나무로 '지어진' 집 _____ 234

102 ♣ 직접 인용과 간접 인용 _____ 235

103 ♣ 부정문을 만들 수 없는 경우 _____ 237

104 ♣ 부정 표현에 사용되는 '때문에' _____ 239

105 ♣ 긍정 표현에 사용되는 '…를 위해' _____ 241

106 ♣ 부정문이 지닌 중의성 _____ 243

107 ♣ '안' 부정문, '못' 부정문 _____ 245

PART
09

단어, 문장성분의 생략

108 ♣ 밥값, 술값, 밥·술값 _____ 248

109 ♣ '의'를 넣지 말아야 하는 경우 _____ 249

110 ♣ '의'를 넣어야 하는 경우(1) _____ 250

111 ♣ '의'를 넣어야 하는 경우(2) _____ 251

112 ♣ 생략할 수 없는 주어(1) _____ 253

113 ♣ 생략할 수 없는 주어(2) _____ 256

114 ♣ 생략할 수 없는 주어(3) _____ 258

115 ♣ 생략할 수 없는 목적어(1) _____ 260

116 ♣ 생략할 수 없는 목적어(2) _____ 262

117 ♣ 생략할 수 없는 관형어 _____ 264

118 ♣ 생략할 수 없는 부사어(1) _____ 265

119 ♣ 생략할 수 없는 부사어(2) _____ 267

120 ♣ 조사 '이/가'를 생략하면 _____ 268

121 ♣ '해서 안 된다'와 '해서는 안 된다' _____ 270

PART
10

겹말, 중복, 군더더기

122 ♣ 겹말 어디까지 _____ 274

123 ♣ 사족 표현(1)…중언부언, 군더더기 _____ 276

124 ♣ 사족 표현(2)…계륵 _____ 279

125 ♣ 주술 동어 반복 _____ 281

126 ♣ 동일 서술 형태의 반복(1) _____ 283

127 ♣ 동일 서술 형태의 반복(2) _____ 285

128 ♣ 연이어진 두 문장 속 동어 반복 _____ 288

129 ♣ 동어 반복이 능사일 때도 있다 _____ 290

CONTENTS

130 ♣ 동어 반복, 자연스러움과 어색함의 경계 _____ 292

131 ♣ 동어 반복을 피할 때 주의할 점 _____ 294

132 ♣ 과장 표현 _____ 296

133 ♣ '들'을 붙이지 않는 경우 _____ 298

134 ♣ '것이다'를 남용하지 말자 _____ 300

135 ♣ 접속어 중복을 피하자 _____ 304

PART 11 의미적인 것들

136 ♣ 상황에 맞는 표현 _____ 308

137 ♣ 성분과 성분 간 의미의 짝 _____ 311

138 ♣ '-적'과 '-적인'의 차이 _____ 313

139 ♣ 권위적이 되다 _____ 316

140 ♣ 위치하고 있다 _____ 318

141 ♣ 추운 등, 했는 등 _____ 320

142 ♣ '…하는 등'의 올바른 쓰임새 _____ 322

143 ♣ '등'으로 이어지는 앞뒤 말의 관계 _____ 323

144 ♣ '-하다'와 '-시키다'의 차이 _____ 325

145 ♣ '어떤 때'와 '어떨 때' _____ 327

146 ♣ '법안이 심의 중이다'와 '법안을 심의 중이다' _____ 328

147 ♣ '…중이다'와 '…중에 있다' _____ 330

148 ♣ '진행 중이나'와 '진행 중이지만' _____ 331

149 ♣ 경쟁력을 잃어 가는 '…임', '…함' _____ 333

150 ♣ 경쟁력을 잃어 가는 '…할 시' _____ 335

151 ♣ 죽기 전까지 사랑한다? _____ 337

152 ♣ '…때문에…해라' 구문의 불안정성 _____ 339

153 ♣ '-지에 대하여'의 남용 _____ 341

154 ♣ '…에 대하여'와 어울리는 서술어 _____ 344

155 ♣ 동사형과 어울리는 '…로 인하여', '…를 위하여' _____ 345

156 ♣ '논리적이 아니다'와 '논리적이지 않다' _____ 347

157 ♣ '때문'과 '까닭'의 상반된 결합력 _____ 348

158 ♣ 상황에 맞게 써야 하는 '…하는 가운데' _____ 350

159 ♣ 상황 전개의 오류…시간에서 공간으로의 이동 _____ 352

160 ♣ '-ㄹ까'와 '-ㄹ까 봐'의 차이 _____ 354

161 ♣ '어떤 것'과 '어떻다는 것'의 차이 _____ 356

162 ♣ '여부'와 '유무' 가려 쓰기 _____ 358

PART
12 기타

163 ♣ 명사화 문장 풀어쓰기 _____ 362

164 ♣ 'X하다'와 'X를 하다' _____ 364

165 ♣ 'X를 Y하다'와 'XY를 하다' _____ 366

166 ♣ 어순을 바꾸면 _____ 369

167 ♣ 어순만 바꾸어도 _____ 372

168 ♣ 아무 데나 붙이면 안 되는 '것' _____ 374

169 ♣ 지시어를 잘못 사용하면 _____ 375

170 ♣ 비교급 표현 '…보다'와 '…에 비해'의 구분 _____ 378

171 ♣ '보다'와 '제일/가장'의 불편한 동거 _____ 380

172 ♣ 번역 투 표현 '가지다' _____ 383

173 ♣ 세 개의 사과, 사과 세 개 _____ 385

174 ♣ 끊어 읽을 곳엔 쉼표를 _____ 387

175 ♣ 쉼표와 가운뎃점의 구별 _____ 389

176 ♣ 쉼표를 잘못 사용한 경우 _____ 391

177 ♣ 쉼표로 나열할 수 없는 경우 _____ 393

001 ♣ 단어와 단어의 연결

002 ♣ 같은 자격을 지닌 말끼리

003 ♣ 단어끼리, 구끼리, 절끼리

004 ♣ 같은 조사끼리

005 ♣ 금메달과 은메달, 금과 은메달

PART
01

단어, 구, 절의
나열

001

단어와 단어의 연결

> • 금수강산은 비단에 수를 놓은 것처럼 아름다운 산과 강이라는
> 뜻이다.

사람들은 대부분 '사과와 배'라고 말한다. '배와 사과'라고 하지 않는다. '밥과 반찬'도 '반찬과 밥'이라고 하지 않는다. '국가와 사회', '국가와 민족', '정치와 경제', '짜장면과 짬뽕' 등도 마찬가지이다. 이처럼 단어와 단어를 나열할 때는 나름대로 정해진 순서를 따른다. 물론 다 그런 것은 아니어서, 예컨대 '실/바늘', '아빠/엄마' 등은 따로 정해진 순서가 없다.

제시문은 '금수강산'의 뜻을 설명하고 있다. '금수강산'의 조어 방식은 '강'이 먼저이고 '산'이 뒤이다. 따라서 '아름다운 산과 강'도 그 순서에 맞게 '아름다운 강과 산'이라고 표현한다.

> • 일본과 미국이 북한의 핵 실험 정보를 사전에 공유했다.

일본은 우리에겐 가깝고도 먼 나라이다. 애증 관계인 셈이다. 반면 미국은 우리의 전통 우방으로 인식된다. 즉 미국을 일본보다 가깝게 여

기는 것이 우리의 일반적인 정서이다. 이 때문인 듯 두 나라를 동시에 거명할 때는 '일본과 미국'이 아닌 '미국과 일본'이라고 한다. 줄여서 말하면 '미·일'이 된다. 중국과 일본의 경우에도 '일·중'보다 '중·일'을 더 선호한다.

• 죽음과 삶이 결국 하나 아니겠는가.

바둑에서는 '활사'라 하지 않고 '사활'이라고 한다. 또 '사생결단'과 '죽느냐 사느냐' 등의 표현에서도 '죽음'이 '삶'의 앞에 놓인다. 이 상황에서는 '죽음'이 중요한 의미가 되고 있기 때문이다. 다만 이처럼 예외적인 경우를 빼고는 대개 '삶'이 '죽음'보다 앞서게 된다. '생과 사', '생사고락', '삶과 죽음' 등이 그것이다. 위의 예문도 '삶과 죽음'으로 하는 게 좋다.

002

같은 자격을 지닌 말끼리

> • 철수 집에 갔더니 철수 아빠, 철수 엄마, 철수네 강아지가 반갑게
>   맞아 주었다.

　단어나 구를 나열할 때는 나열되는 말들이 유사성을 지녔는지 살핀다. 짝이 잘 맺어지도록 하는 것이다. 예컨대 '처녀와 남자'보다는 '처녀와 총각'이 더 잘 맺어지고 '국가와 가정'보다는 '국가와 민족'이 더 잘 맺어진다. '계몽운동과 영향'은 무관한 말끼리 짝을 이루기 때문에 매우 어색하다. 이 경우엔 '계몽운동과 그 영향'으로 표현하여 사건의 발생과 결과 관계임을 밝혀 준다.

　요즘은 강아지도 가족의 일원으로 보는 경향이 강하지만, 강아지를 아빠, 엄마와 동급으로 치기는 어렵다. 따라서 제시문은 다음처럼 표현하는 게 좋다.

> ☞ 철수 집에 갔더니 철수 아빠, 철수 엄마가 반갑게 맞아 주셨고 강
>   아지도 반겨 주었다.
> ☞ 철수 집에 갔더니 철수 아빠, 철수 엄마는 물론이고 강아지까지
>   반겨 주었다.

한편, 나열되는 말의 형태도 일치시킨다. 예컨대 '분노와 증오심'보다는 '분노와 증오'가 더 낫다. '분노함과 증오'도 '분노와 증오'나 '분노함과 증오함' 등으로 표현한다. 다음 문장에도 이처럼 일치시켜야 할 말이 있다.

• 해맑게 웃는 어린이들의 순수함과 언제나 긍정적으로 생각하려는 친구 모습과 지혜로운 노인들에게서 느낄 수 있는 현명함에서 내 면적인 아름다움을 찾아볼 수 있다.

이 문장은 세 가지 대등한 정보를 나열하고 있다. ①해맑게 웃는 어린이들의 순수함 ②언제나 긍정적으로 생각하려는 친구 모습 ③지혜로운 노인들에게서 느낄 수 있는 현명함이 그것이다. 이 세 가지를 대등한 형태로 나열하려면 구의 짜임과 의미 자질이 대등해야 한다. 각 구절의 마지막 서술부를 보면 ①은 '순수함' ②는 '모습' ③은 '현명함'으로 되어 있다. ①과 ③은 추상성을 지닌 말인 데 반해 ②는 구체성을 지닌 말이다. 따라서 ②도 '친구 모습'을 '친구의 여유로움' 등과 같은 추상성을 지닌 말로 바꾼다.

더 알아보기

• 그들은 이번 화재로 재산과 희망을 잃었다.
→ 그들은 이번 화재로 재산뿐만 아니라 삶에 대한 희망마저 잃었다.
→ 그들은 이번 화재로 재산을 잃고 삶에 대한 희망도 잃었다.

003

단어끼리, 구끼리, 절끼리

• 그곳은 맑은 물과 숲이 잘 어우러져 있다.

　말을 나열할 때는 나열되는 말끼리 형태상 짝을 이루도록 하는 게 좋다. 단어는 단어끼리, 구는 구끼리, 절은 절끼리 이어주는 것이다. 제시문은 앞말인 '맑은 물'이 절이고, 뒷말인 '숲'은 홑 단어여서 짝이 안 맞는다. 이 경우 접속의 형평성이 깨져 흐름이 불안하고 의미 전달력도 떨어진다. 나아가 단어, 구, 절 단위로 짝 지어 읽으려는 습관 때문에 '맑은'이 '물'과 '숲'을 동시에 수식하는 것으로 착각할 수도 있다.

　☞ 그곳은 맑은 물과 푸른 숲이 잘 어우러져 있다.

　단, 필요에 따라서는 단어와 구를 짝으로 맺을 수도 있다.

　① 책상에 지우개, 가위, 노란 색종이, 딱풀이 있다.
　② 전쟁과 그 전쟁이 가져다 준 교훈

　①은 홑 단어들의 나열 속에 '노란 색종이'라는 절이 끼어든 형태이

다. ②는 '전쟁'과 '그 전쟁이 가져다 준 교훈'이 짝으로 맺어졌다. 형평성이 깨지기는 했지만, 의미는 충분히 전달된다. 이는 '단어끼리, 구끼리, 절끼리'라는 나열의 원칙이 절대적이지는 않음을 보여준다. 또 이런 변형 구조가 자연스러움의 정도에 얼마나 영향을 미치는지 판단하는 기준도 모호해서 개인의 직관에 맡길 수밖에 없다. 다만 아래 예문은 수정문처럼 고치면 읽기가 훨씬 부드럽다.

- 공부 시간과 잠자는 시간의 비율이 거꾸로 되었다.
☞ 공부하는 시간과 잠자는 시간의 비율이 거꾸로 되었다.

- 서로 존중하는 마음과 믿음이 약해졌다.
☞ 서로 존중하는 마음과 믿는 마음이 약해졌다.
☞ 서로 존중하는 마음이 줄어들고 믿음도 약해졌다.

004

같은 조사끼리

> ㉠ 그 식당은 맛도 있고 값이 싸다.
> ㉡ 냉장고에 사과며 배가 잔뜩 들어 있다.

'임도 보고 뽕도 딴다'라는 관용 표현이 있다. 이것을 '임도 보고 뽕을 딴다'라고 하지는 않는다.

제시문 ㉠도 '맛도 있고 값도 싸다' 식으로 '… 도 … 도' 형 문장을 만들어 준다. 단 앞뒤 조사를 달리할 수도 있는데, 이 경우에는 '임을 보고 뽕도 딴다', '맛이 있고 값도 싸다' 식으로 격조사를 앞에, 그리고 보조사를 뒤에 놓는다.

격조사란 '이/가', '을/를', '에/에서' 등처럼 자신의 격이 정해져 있는 조사를 가리키고, 보조사란 '은/는', '도', '까지', '마저' 등처럼 여러 격으로 두루 쓰일 수 있는 조사를 가리킨다.

㉡도 '… 며 … 며' 형 문장에 비해 덜 선호된다. '냉장고에 사과며 배며 먹을 것들이 잔뜩 들어 있다' 식으로 표현할 수 있다. 만약 다른 것은 없고 사과와 배만 들어 있다면 애초에 '며' 대신 '와'를 사용하여 다음처럼 표현한다.

☞ ⓛ – 1 냉장고에 사과와 배가 잔뜩 들어 있다.

　 ⓛ – 2 냉장고에 사과, 배 등이 잔뜩 들어 있다.

　이 밖에 '떡에다 과일에다 실컷 먹었다'처럼 ' … 에다 … 에다'로 나열하기도 하는데, 이 구문도 앞뒤 조사를 달리하여 '떡에다 과일을 실컷 먹었다'로 하기는 어렵다.

금메달과 은메달, 금과 은메달

- 이번 달에는 전기와 수도 요금이 많이 나왔다.

나열된 두 어구에 공통된 말이 있을 경우 그 말을 줄여서 하나로 묶을 수 있다. '금메달과 은메달'을 '금·은메달'로 바꾸는 것이다. 같은 방식으로 '뇌 질환과 혈관 질환'도 '뇌·혈관 질환'으로 줄여 쓸 수 있다. 하지만 '뇌와 혈관 질환'이나 '뇌 및 혈관 질환' 등으로 줄이는 것은 바람직하지 않다. 예컨대 '금메달과 은메달'을 '금과 은메달'로 줄일 경우 '금'과 '은'이 아닌 '금'과 '은메달'이 짝을 이루는 것으로 오인될 수 있다. 제시문의 '전기와 수도 요금'도 '전기 요금과 수도 요금'으로 풀어 주는 것이 좋다.

한편 'X하고 Y하다'를 'X 및 Y하다'로, 'X하거나 Y하다'를 'X 또는 Y하다'로 줄여 쓰는 경우도 볼 수 있다. '생산하고 판매하다'를 '생산 및 판매하다'로, '생산하거나 판매하다'를 '생산 또는 판매하다'로 표현하는 것이다. 간결성 측면에서 보면 이런 표현이 허용될 여지가 있기는 하지만 기본적으로 '및'과 '또는'은 동일한 자격의 단어나 어구를 연결하는 말이므로 'X하고', 'X하거나' 식으로 풀어 주는 것이 좋다.

더 알아보기

- 우리나라의 생산 가능 및 경제 활동 인구가 점점 줄어들고 있다.
→ 우리나라의 생산 가능 인구와 경제 활동 인구가 점점 줄어들고 있다.

- 그 관현악단은 러시아의 고전 및 낭만음악을 차례로 연주할 예정이다.
→ 그 관현악단은 러시아의 고전음악과 낭만음악을 차례로 연주할 예정이다.

- 생산 및 판매 부서가 그 회사의 핵심 부서이다.
→ 생산 부서와 판매 부서가 그 회사의 핵심 부서이다.

- 그 학원에는 특목 및 자사고 입시를 준비하는 학생이 많다.
→ 그 학원에는 특목고와 자사고 입시를 준비하는 학생이 많다.

006 ♣ 주어 갖추기

007 ♣ 주어와 술어의 연결 구조

008 ♣ 주어와 술어의 결합력

009 ♣ 주술 호응…모호한 술어 피하기

010 ♣ 2주어 1술어 문장의 함정

011 ♣ 중주어문의 약점

012 ♣ 주어가 되기 어려운 주어

013 ♣ 중간에 주어가 바뀌면

014 ♣ '무엇은 무엇이다' 꼴 만들기

015 ♣ '무엇은 무엇이 있다' 꼴 피하기

016 ♣ '무엇은 무엇이다' 꼴 피하기

017 ♣ '무엇은 무엇 때문이다' 꼴의 함정

018 ♣ 주어 술어 1 대 1 대응

019 ♣ 성분과 성분의 짝 맞음

020 ♣ 목적어와 서술어의 짝

021 ♣ 주어와 술어 사이에 부사어가 끼어들 때

022 ♣ 주어와 술어 간 의미의 호응

023 ♣ 생략된 주어 따라가기

PART
02

문장
성분의
호응

주어 갖추기

> • 시장에는 행인들만 오갈 뿐이어서 을씨년스러웠다.

　문장의 가장 기본적인 형태는 '주어 + 서술어'이다. 다시 말하면 모든 문장에는 주어와 서술어가 갖추어져 있어야 한다. 하지만 글을 쓰다 보면 이 기본 원칙이 무시되는 수가 있다. 예컨대 '산에 나무가 많아서 산이 푸르다'를 간결하게 표현하는 과정에서 주어를 빼먹고 '산에 나무가 많아서 푸르다'로 표현하는 것이다. 이는 비문에 해당한다.

　제시문의 '시장에는'은 '시장에' 뒤에 조사 '는'이 덧붙은 형태이다. 주어로 쓰인 것처럼 보이지만 주어는 아니다. 즉 제시문은 '시장에는 … 을씨년스러웠다'라는 구조로서, 필수 성분인 주어가 빠진 불완전한 문장이다.

> • 시장은 행인들만 오갈 뿐이어서 을씨년스러웠다.

　간단한 해결 방법은 이처럼 '시장에는'을 '시장은'으로 바꾸어 주어를 갖추어 주는 것이다. 다만 이 경우 그 주어가 바로 뒤에 이어지는 서술어와는 잘 호응되지 않는 측면이 있기는 하다. 이 점까지 감안하면

'시장에는'을 살려둔 채 뒷부분에 다른 주어를 내세우는 방식을 고려할
만하다.

☞ 시장에는 행인들만 오갈 뿐이어서 을씨년스러운 분위기가 감돌
았다.

 더 알아보기

- 가게엔 찾아오는 손님이 없어 늘 한가했다.
→ 가게는 찾아오는 손님이 없어 늘 한가했다.

- 제주도에는 돌이 많아 농사가 잘 안 된다.
→ 제주도는 돌이 많은 곳이어서 농사가 잘 안 된다.

주어와 술어의 연결 구조
··· 능동형인가 피동형인가

● 이 동굴은 한국전쟁 때 괴뢰군이 폭격했다.

주어와 서술어는 긴밀한 연결 구조를 이루어야 한다. 제시문은 '동굴은 괴뢰군이 폭격했다'라는 구조인데, 주어인 '동굴은'과 호응하는 서술어가 제대로 드러나 있지 않다. '동굴은 ··· 폭격을 받았다'로 하면 뚜렷한 주술 구조가 된다. 한편, 문법 학계에서는 '동굴은'처럼 '은/는'이 붙은 말이 문두에 나오면 그것을 주제어로 보아 '동굴의 경우', '동굴로 말하자면' 등으로 해석하기도 한다. 이렇게 해석할 경우 제시문은 다소 불안정한 느낌이 들 뿐 비문은 아님을 알 수 있다.

아래 예문도 이와 성격이 비슷하지만, 이 경우에는 피동형으로 표현할 수가 없다. 문장의 틀을 바꾸도록 한다.

- 그는 4·19 때 부정축재자 명단에 올라 분노한 시민들이 그의 집 앞에서 시위를 했던 사람이다.
- ☞ 그는 4·19 때 부정축재자 명단에 오른 사람이다. 당시 분노한 시민들이 그의 집 앞에서 시위를 하기도 했다.

더 알아보기

- 그는 남들이 손가락질을 했다.
→ 그는 남들한테 손가락질을 당했다.

- 그는 로또 1등에 당첨돼 사람들이 부러워했다.
→ 그는 로또 1등에 당첨돼 사람들의 부러움을 샀다.

008

주어와 술어의 결합력

• 영업이익이 1억 원을 달성했다.

주어와 술어는 강한 결합력을 지녀야 한다. 느슨하게 결합되면 문맥도 느슨해져서 뜻이 잘 통하지 않는다. 제시문의 '영업이익이 달성하다'는 그런 점에서 바람직한 주술 관계라 할 수 없다. 일반적으로 '달성하다'의 주체는 '사람'과 같은 행동주가 된다. 즉 '누가 무엇을 달성하다'라는 문형으로 실현되어야 안정적이다.

☞ (그 회사는) 영업이익 1억 원을 달성했다.
☞ (그 회사는) 영업이익이 1억 원에 달했다.
☞ (그 회사는) 영업이익이 1억 원을 넘어섰다.

이와 비슷한 예로 '기록하다'라는 용언이 서술어로 쓰인 문장을 들 수 있다.

① 매출이 1억 원을 기록했다.

이 경우에도 '매출'과 '기록하다'는 주술 관계로 맺어지기 어렵다. 목술 관계인 '매출을 기록하다'가 자연스러운 표현이다. 그러므로 이 문장은 다음처럼 바꾸는 게 좋다.

☞ 1억 원의 매출을 기록했다.
☞ 매출 1억 원을 기록했다.

그렇다면 다음 문장은 어떻게 보아야 할까.

② 영업이익은 1억 원을 달성했다.

제시문이 약간 변형된 것이다. 주어에 붙은 조사 '이'가 '은'으로 바뀌었다. 이 형태는 언론 매체의 글에서 흔히 볼 수 있으며, 대개 이 문장 앞에는 다른 문장이 놓이게 된다. 예를 들면 다음과 같다.

• 그 회사는 올해 매출이 1억 원을 넘어섰다. 영업이익은 1억 원을 달성했다.

이때 두 번째 문장은 첫 번째 문장의 주어인 '회사는'의 지배를 받는다. 즉 '회사는'이 주제어가 되어 다음과 같은 구조를 형성한다.

• 그 회사는 영업이익은 1억 원을 달성했다.

이렇게 놓고 보면 '영업이익은'은 '영업이익의 경우'로 해석된다.

009

주술 호응

··· 모호한 술어 피하기

- 지금처럼 열심히 하면 우리가 1등도 가능해 보여.

　문장에서 가장 핵심이 되는 성분은 주어와 술어이다. 주어와 술어가 좋은 짝을 이루어야 기본 구성이 탄탄하다. 제시문의 경우 주어인 '우리가'와 짝을 이루는 술어가 명확하지 않다. '우리가 어찌하다'라는 구조가 되어야 하는데, 이 '어찌하다'에 해당하는 말이 뚜렷이 드러나지 않았다. '가능하다'라는 술어가 있기는 하지만, 이것은 '1등도'라는 주어와 더 잘 맺어진다. 물론 '우리가 1등도 가능하다'라는 중주어문으로 볼 수도 있다. 그래도 주어와 술어끼리 1대 1로 짝을 맺도록 하면 더 명쾌한 문장이 된다.

　☞ 지금처럼 열심히 하면 우리가 1등을 하는 것도 가능해 보여.
　☞ 지금처럼 열심히 하면 우리가 1등도 할 수 있을 것 같아.

　이처럼 고치면 '우리가 (1등을) 하다'라는 안정된 주술 구조를 갖게 된다. 한편, 이 문장에서 '우리가'를 생략해 보자.

① 지금처럼 열심히 하면 1등도 가능해 보여.

② 지금처럼 열심히 하면 1등을 하는 것도 가능해 보여.

이 경우에는 ①, ② 모두 성립된다. ①의 '1등도 가능하다'는 ②의 '1등을 하는 것도 가능하다'를 줄인 형태로 볼 수 있다.

• 사장님은 여간해서는 대면이 어려워.

이 문장은 '우리는 사장님은(=사장님의 경우) 여간해서는 대면이 어려워'라는 문장에서 주어인 '우리는'을 생략한 형태이다. 그런데 '우리는 … 대면이 어려워'가 자연스럽지 않다. '우리는 … 대면하기 어려워'로 바꾸어야 주술 구조가 명확해진다. 따라서 제시된 문장은 '사장님은 여간해서는 대면하기 어려워'로 표현하는 게 좋다.

2주어 1술어 문장의 함정

010

> • 그들은 길에서 한 친구가 돈을 주웠다.

일반적으로 한 문장에 주어가 두 개 있으면 술어도 두 개 있기 마련이다. 그런데 예외적으로 주어가 두 개이고 술어는 한 개인 경우가 있다.

① 코끼리는 코가 길다.
② 그 회사는 재정이 탄탄하다.

하지만 이 문형은 쓰임이 한정적이다. 주로 형용사가 서술어로 쓰일 때 나타난다. 그리고 이 문형의 공통점은 문두의 '무엇은'을 '무엇의 경우'로 바꾸어도 의미가 잘 통한다는 것이다. 예컨대 ①은 '코끼리의 경우 코가 길다'로, ②는 '그 회사의 경우 재정이 탄탄하다'로 바꾸어도 문맥이 잘 통한다.

그렇다면 제시문을 이처럼 바꾸어 보자.

☞ 그들의 경우 길에서 한 친구가 돈을 주웠다.

바꾼 결과, '그들의 경우'가 뒷말과 잘 호응된다는 느낌이 들지 않는다. 즉 제시문은 구성이 탄탄하다고 보기 어렵다.

☞ 그들은 길을 가다가 한 친구가 돈을 주웠다.

제시문을 다듬을 요량으로 이처럼 고쳐 보았다. 2주어 2술어 문형을 만든 것이다. 하지만 이 문장도 대안이 될 수는 없다. 우선 앞의 방법처럼 '그들은'을 '그들의 경우'로 바꾸면 문맥이 통하지 않는다. 또 예컨대 '그들은 길을 가다가 (그들은) 돈을 주웠다'라는 문장을 통해 알 수 있듯이 연결어미 '-다가'는 앞뒤 절의 주어가 같을 때 쓰는 말인데, 이 문장은 앞뒤 절의 주어가 다르다. 다음처럼 바꾸면 이런 문제들이 해결된다.

☞ 그들이 길을 가던 중 한 친구가 돈을 주웠다.

중주어문의 약점

> • 한 집에 권력자가 두 명이 있으면 되는 일이 없다.

조사는 명사나 명사 구실을 하는 말 뒤에 붙어 그 말이 문장에서 어떤 기능을 하는지 나타내 준다. 하지만 문장 내의 기능을 확실히 알 수 있을 때에는 조사를 붙이지 않아도 된다. 예컨대 '나 너 좋아해'라는 표현이 가능하다.

조사가 필요 없을 때도 있다. '발이 닿는 대로 걷는다'보다는 '발 닿는 대로 걷는다'가 더 부드럽게 읽힌다.

'비 오는 날', '번지 없는 주막', '이 빠진 도끼' 등에도 주격조사가 생략되었는데, 이는 수식어가 늘어지지 않도록 하려는 언어 습관 때문이다.

제시문의 선행절은 '권력자가 두 사람이 있다'라는 2주어 1술어 문장이다. 주격조사 '이/가'가 연속으로 나왔다. 이런 문장을 중주어문이라고 하는데, '철수가 돈이 많다', '영희가 키가 크다', '이곳이 구두가 싸다' 등으로 실현된다. 이러한 중주어문은 한국어에 특징적으로 나타나는 현상이다. 하지만 중주어문은 같은 조사가 연속으로 나오기 때문에 음끼리 간섭을 일으키는 단점이 있다. 그래서 교열 측면에서 후행 조사를 생략해도 되는지 검토하게 되는데, 직전에 나열된 예문들은 생략이 불가능한 반면 제시문은 생략해도 글의 의도가 크게 훼손되지 않는다. 그러므로 다음처럼 주격조사를 하나만 사용하는 것이 권장된다.

☞ 한 집에 권력자가 두 명 있으면 되는 일이 없다.

 더 알아보기

- 일본이 입국 심사가 까다롭다.
→ 일본이 입국 심사를 까다롭게 한다.

- 동네 슈퍼가 물건 값이 조금 비싸다.
→ 동네 슈퍼가 물건을 조금 비싸게 판다.

- 그 노래가 제일 부르기가 어렵다.
→ 그 노래가 제일 부르기 어렵다.

- 왕릉이 세 개가 새로 발견되었다.
→ 왕릉 세 개가 새로 발견되었다.

012
주어가 되기 어려운 주어

- 고양이가 잠자는 곳 옆에 생선을 숨겨 놓았다.

이 문장을 중간에 한번 끊어 읽자면 두 가지 방식을 생각할 수 있다. 하나는 '고양이가∨잠자는 곳 옆에 생선을 숨겨 놓았다'이고, 다른 하나는 '고양이가 잠자는 곳 옆에∨생선을 숨겨 놓았다'이다. 전자처럼 해석하면 생선을 숨긴 주체는 고양이가 된다. 후자처럼 해석하면 생선을 숨긴 주체는 고양이가 아닌 다른 동물 또는 사람이 된다. 즉 후자는 주절의 주어가 생략된 것이다. 만약 글을 쓴 의도가 전자 쪽이라면 이 글은 온전하지 않다. 문두의 주어인 '고양이가'가 종속절의 주어만 되고 주절의 주어는 되기 어렵기 때문이다. 다음처럼 표현해야 비로소 확실한 주절의 주어 노릇을 하게 된다.

☞ 고양이가 저(자기) 잠자는 곳 옆에 생선을 숨겨 놓았다.

 **더 알아보기**

- 새해 들어 그 회사가 경영 목표로 세운 '중국 진출'에 박차를 가하고 있다.

→ 새해 들어 그 회사가 자신들의 경영 목표인 '중국 진출'에 박차를 가하고 있다.

- 로봇이 그동안 꾸준히 발달함에 따라 오늘날 많은 영역에서 인간의 역할을 대체하게 되었다.

→ 로봇은 그동안 꾸준히 발달한 결과 오늘날 많은 영역에서 인간의 역할을 대체하게 되었다.

013

중간에 주어가 바뀌면

- (내가) 해외에 나갈 때 여행비에 보태라며 소액을 받았다.

어느 관료가 촌지를 받았다가 들통이 나자 이처럼 해명했다. 그런데 말을 얼버무리려다 보니 글도 얼버무려졌다. 주어와 술어가 호응되지 않는 것이다. 이 글의 뼈대는 '내가 해외에 나갈 때 소액을 받았다'이다. 여기에 '(그가) 여행비에 보태라며'라는 말이 삽입된 것이다. 삽입된 말을 보면 주어가 '내가'에서 '그가'로 바뀌고 있음을 알 수 있다. 이처럼 주어가 바뀔 때에는 그 주어를 밝혀 주는 게 상례이다.

☞ (내가) 해외에 나갈 때 그가 여행비에 보태라고 소액을 주어서 그 것을 받았다.
☞ (내가) 해외에 나갈 때 여행비에 보태라는 명목으로 그가 준 소액 을 받았다.

- 그는 모범 사원이라고 금일봉을 받았다.

이 문장은 '그는 금일봉을 받았다'라는 문장에 '모범 사원이라고'라는 절이 삽입된 형태이다. 이 삽입절은 본래 '회사가 (그를) 모범 사원이라고 (표창)하다'를 줄인 형태라고 할 수 있다. 즉 이 문장은 주어가 '그는'으로 시작되었다가 '회사가'로 바뀐 후 다시 '그는'으로 되돌아온 형태이다. 따라서 온전한 문장을 만든다면 다음처럼 표현할 수 있다.

☞ 그는 회사가 모범 사원이라고 해서 주는 금일봉을 받았다.

하지만 이 문장은 '금일봉을'을 꾸미는 말이 길어 짜임새가 없어 보인다. 형태를 바꾸어 다음처럼 간략히 표현하는 방법을 택한다.

☞ 그는 모범 사원에 뽑혀 금일봉을 받았다.
☞ 그는 모범 사원에게 주는 금일봉을 받았다.
☞ 그는 모범 사원이라는 이유로 금일봉을 받았다.

014

'무엇은 무엇이다' 꼴 만들기

• 이는 지난해보다 20% 늘어났다.

　　모든 문장은 세 유형으로 나뉜다. ① '무엇이(은) 어찌한다', ② '무엇이(은) 어떠하다', ③ '무엇이(은) 무엇이다' 꼴이다. ①은 동작성을 띠는 동사 문형, ②는 상태성을 띠는 형용사 문형, ③은 서술성을 띠는 '체언 ＋ 이다' 문형이다. 그런데 특정 단어가 주어가 되면 ①, ②의 형태는 잘 만들어지지 않는다. 예컨대 추상명사인 '원인'은 동작성이나 상태성을 띨 수 없으므로 '원인이 어찌한다'나 '원인이 어떠하다'라는 문형으로 실현되기 어렵다. 같은 이유에서 제시문도 ③의 문형인 '무엇은 무엇이다' 형태일 때 가장 안정적이다.

　　☞ 이는 지난해보다 20% 늘어난 것이다.

　　다음 문장은 '무엇은 무엇이다' 꼴로만 실현됨에도 불구하고 '무엇은 어떠하다'나 '무엇은 어찌하다' 꼴로 만든 예이다. 이들 문장의 주어는 단어의 속성상 동사형 서술어나 형용사형 서술어와는 결합하기 어렵다.

① 그 기계의 장점은 사용하기 편리하다.

☞ 그 기계의 장점은 사용하기 편리하다는 것이다.

② 아파트에서 개를 기르는 것은 많은 사람에게 불편을 준다.

☞ 아파트에서 개를 기르면 많은 사람에게 불편을 준다.
☞ 아파트에서 개를 기르는 것을 삼가야 한다. 많은 사람에게 불편을
줄 수 있기 때문이다.

③ 행정력으로 물가를 잡겠다는 것은 득보다 실이 더 많다.

☞ 행정력으로 물가를 잡을 경우에는 득보다 실이 더 많다.
☞ 행정력으로 물가를 잡겠다는 것은 득보다 실이 더 많은 무모한 일
이다.

다만 추상명사가 주어로 쓰였다고 해서 반드시 '무엇은 무엇이다'
꼴로만 만들어야 하는 것은 아니다. '장점은 적극 살린다'와 같은 문장
은 '무엇은 어찌하다' 꼴로 쓰였다.

015
'무엇은 무엇이 있다' 꼴 피하기

• 서울은 구청이 25개 있다.

　제시문은 '무엇은 무엇이 있다' 꼴로서, 주어는 둘인데 술어는 하나밖에 없다. 이 형태는 '나는 돈이 있다'와 같이 소유를 나타낼 때 자연스럽게 사용된다. 그런데 제시문의 '있다'는 소유가 아닌 존재를 나타낸다. 이 경우에는 주어를 하나만 내세워 '무엇에는 무엇이 있다' 꼴로 만들면 읽기가 부드러워진다. 한편, '그 집은 차가 없다'와 '그 집엔 차가 없다'가 모두 가능한데, 이는 '있다(없다)'가 소유와 존재의 경계 영역에 있기 때문이다.

☞ 서울에는 구청이 25개 있다.

더 알아보기

• 지하철 안에서 지켜야 할 예절은 어떤 것이 있을까.
→ 지하철 안에서 지켜야 할 예절에는 어떤 것이 있을까.

- 그 회사의 사무실은 책상이 없다
→ 그 회사의 사무실에는 책상이 없다

- 집 안에서 할 수 있는 놀이는 무엇이 있을까.
→ 집 안에서 할 수 있는 놀이에는 무엇이 있을까.

016

'무엇은 무엇이다' 꼴 피하기

- 이 회로도는 아주 간단한 형태이다.

'무엇은 무엇이다' 꼴의 문장에서 서술부의 '무엇'은 흔히 주어의 속성(또는 부류)을 나타낸다. 예컨대 '철수는 학생이다'에서 '학생'은 '철수'의 속성에 해당한다. 그런데 제시문의 서술부에 쓰인 '형태'는 주어인 '회로도'의 속성을 나타내는 말이 아니므로 '무엇은 무엇이다' 꼴의 문장과는 잘 어울리지 않는다. 이 경우에는 회로도의 모양을 설명하는 내용임을 고려하여 '무엇이(은) 어떠하다' 꼴을 사용하는 게 좋다.

☞ 이 회로도는 형태가 아주 간단하다.
☞ 이 회로도는 아주 간단한 형태로 되어 있다.

그렇다면 다음 표현은 어떨까.

① 이건 쓴맛이다.
② 이 음식은 쓴맛이다.

입말에서는 ①의 '이건 어떤 맛이다'라는 표현이 굳어져 있다. '이건 천상의 맛이다', '이건 달콤한 맛이다' 등이 그것이다. 이 표현은 굳이 '이건 맛이 어떻다'로 바꿀 필요가 없다. 주어인 '이건'을 '이 맛은'으로 구체화하면 '이 맛은 (어떤 맛인가 하면) 천상의 맛이다', '이 맛은 (어떤 맛인가 하면) 달콤한 맛이다'가 된다. 곧 맛의 속성을 설명하는 문장이라 할 수 있다. 하지만 ②의 '이 음식은 쓴맛이다'는 ①과 성격이 다르다. 이는 음식의 속성이 아닌 맛을 설명하는 문장이다. 따라서 이 경우에는 '이 음식(의) 맛은 쓰다'나 '이 음식은 맛이 쓰다'로 표현하는 것이 낫다.

 더 알아보기

- 이 책은 매우 흥미로운 내용이다.
→ 이 책은 내용이 매우 흥미롭다.

- 이 커피는 쓴맛이다.
→ 이 커피는 맛이 쓰다.
→ 이 커피 맛은 쓰다.

017

'무엇은 무엇 때문이다' 꼴의 함정

- 철수의 합격은 열심히 공부했기 때문이다.

'때문이다'는 '(어떤 결과가 나오게 된) 이유는 … 때문이다'의 문형으로 실현된다. 예컨대 '그것은 너 때문이다'라는 문장은, '그것은'이 '그이유는'이라는 의미를 지니므로 위의 문형에 해당한다. '빙판길이 된 것은 차가 계속 다녔기 때문이다'라는 문장이 매끄러운 흐름을 보이는 것도 '빙판길이 된 것은'이 '빙판길이 된 이유는'이라는 의미를 지니기 때문이다. 이를 '빙판길은 차가 계속 다녔기 때문이다'라고 바꿀 수 없는데, 그 이유는 '빙판길은'이 '빙판길이 된 이유는'이라는 의미를 지니지 않기 때문이다. 제시문 역시 '철수의 합격은'이 '철수가 합격한 이유는'이라는 의미로 해석되지 않기 때문에 바른 문장이라고 할 수 없다.

☞ 철수가 합격한 것은 열심히 공부했기 때문이다.
☞ 철수의 합격은 열심히 공부한 데에 따른 결과이다.

더 알아보기

- 요즘 학생들의 일탈은 인성 교육을 소홀히 했기 때문이다.
- → 요즘 학생들이 일탈하는 것은 인성 교육을 소홀히 했기 때문이다.

- 교회의 침체는 교리를 가르치지 않았기 때문이다.
- → 교회가 침체된 것은 교리를 가르치지 않았기 때문이다.

018
주어 술어 1 대 1 대응

• 그는 주먹이 최선처럼 생각했다.

일반적으로 한 문장에 주어가 두 개 있으면 서술어도 두 개 있기 마련이다. 각각의 주어가 그에 대응하는 서술어를 따로 갖는 것이다. 예외적으로 주어는 둘이고 서술어는 하나인 문장이 있는데, 이때는 두 주어가 서술어 하나를 공유하게 된다. '김치는 신 김치가 맛있다'와 같은 문장이 그런 예이다. 제시문은 주어 '그는'과 '주먹이'가 서술어 '생각했다'를 공유하는 형태지만 '주먹이 생각했다'는 의미가 통하지 않는다. 따라서 이 경우에는 '주먹이'에 대응하는 서술어를 따로 갖추어 준다.

☞ 그는 주먹이 최선인 것처럼 생각했다.

한편, 주어가 둘 이상이고 술어도 둘 이상인 경우에는 각각의 주어가 자신의 서술어를 제대로 거느리고 있는지 살펴야 한다.

• 서울에서 주차난이 가장 심각한 곳은 종로로 나타났다.

이 문장은 주어가 두 개이고 술어도 두 개여서 일견 주술 구조가 제대로 짜여진 것처럼 보인다. 하지만 후행 주어인 '곳은'이 제 짝을 찾지 못했다. 서술어 '나타났다'를 짝으로 삼자니 서로 잘 어울리지 못하는 문제가 뒤따른다.

☞ 서울에서 주차난이 가장 심각한 곳은 종로인 것으로 나타났다.

문장을 이처럼 바꾸면 '(심각한) 곳은 종로이다'라는 안정된 주술 관계를 갖게 된다. (개인적인 판단에 따르면, 이 경우 서술어 '나타났다'는 주어를 필요로 하지 않는 말로 볼 수 있을 것 같다. 즉 이 문장은 소주어만 있고 대주어는 없는 무주어문인 셈이다. '그가 1등인 것으로 알려졌다'도 마찬가지이다.)

더 알아보기

- 내가 초등학교 5학년 때 아저씨가 이곳으로 이사 오셨다.
- → 내가 초등학교 5학년일 때 아저씨가 이곳으로 이사 오셨다.

- 그런 점에서 나이 든 사람들은 보수적인 입장을 엿볼 수 있다.
- → 그런 점에서 나이 든 사람들은 보수적인 입장임을 엿볼 수 있다.

- 우리나라 사람들의 사망 원인 가운데 1위는 암으로 나타났다.
- → 우리나라 사람들의 사망 원인 가운데 1위는 암인 것으로 나타났다.

- 불량 식품이 그 대표적 사례로 볼 수 있다.
- → 불량 식품이 그 대표적 사례라고 볼 수 있다.
- → 불량 식품을 그 대표적 사례로 볼 수 있다.

019

성분과 성분의 짝 맺음

> • 회사에서 동료를 폭행한 사람을 경찰에 신고했다.

글을 읽다 보면 어려운 내용이 아닌데도 중간에 뜻을 놓쳐 앞부터 다시 읽어야 할 때가 있다. 문법적으로 문제가 없다면, 이는 성분과 성분의 짝 맺음이 불분명해 해석상의 혼선을 빚기 때문이다.

제시문은 앞부분만 읽노라면 '(누군가가) 회사에서 동료를 폭행했다'로 해석하게 된다. 그러다 문장 전체를 읽고 나서 '회사가 (누군가를) 경찰에 신고했다'라는 뜻으로 재해석한다. 즉 처음에는 '회사에서'가 '폭행하다'와 짝을 이룬다고 판단했다가 문장을 다 읽은 뒤엔 '신고하다'와 짝을 맺어 주어야 더 문법적인 문장임을 깨닫게 된다. 이처럼 혼선을 빚게 하는 글은 좋은 글이 되기 어렵다. 다음처럼 '회사'를 확실한 주어로 만들면 의미가 확실해 진다.

> ☞ {회사가 / 회사 측이 / 회사 측에서 / 회사 관계자가} 동료를 폭행한 사람을 경찰에 신고했다.

만약 폭행 장소가 회사라는 점까지 밝히고자 한다면 다음처럼 한다.

☞ 회사 측은 사내에서 동료를 폭행한 사람을 경찰에 신고했다.

더 알아보기

- 그 회사가 빚을 갚지 못해 부도가 난 거래처 때문에 곤란을 겪고 있다.
→ 그 회사가 부도 난 거래처 때문에 곤란을 겪고 있다.
→ 그 회사는 빚을 갚지 못해 부도가 난 거래처 때문에 곤란을 겪고 있다.
→ 빚을 갚지 못해 부도가 난 거래처 때문에 그 회사가 곤란을 겪고 있다.

020

목적어와 서술어의 짝

• 요즈음엔 피 한 방울로 질병을 진단 가능하다.

목적어는 타동사로 된 서술어와 짝을 맺는다. '무엇을 어찌하다' 꼴로 실현된다. 그런데 제시문은 목적어만 있고 그것과 짝을 이루는 타동사는 없다. '질병을'이 '진단 가능하다'라는 서술어와 결합된 형태인데, 이 서술어가 타동사 기능을 대신하지는 못한다. 따라서 다음처럼 타동사로 된 서술어를 갖추어 준다.

☞ 요즈음엔 피 한 방울로 질병을 진단하는 것이 가능하다.
☞ 요즈음엔 피 한 방울로 질병을 진단할 수 있다.

참고로 '진단 가능하다'는 '진단이 가능하다'가 줄어든 것으로 볼 수 있으며, '당뇨병은 피 한 방울이면 진단 가능하다' 등으로 쓰일 때 문법성을 보인다.

- 승리를 섣부른 만끽은 안 된다.
→ 승리를 섣불리 만끽해서는 안 된다.
→ 승리의 섣부른 만끽은 안 된다.

- 실탄을 추가 지원이 필요하다.
→ 실탄을 추가 지원할 필요가 있다.
→ 실탄을 추가 지원해야 한다.
→ 실탄의 추가 지원이 필요하다.

- 단시간에 많은 문제를 해결이 어렵다.
→ 단시간에 많은 문제를 해결하는 것이 어렵다.
→ 단시간에 많은 문제를 해결하기가 어렵다.

021

주어와 술어 사이에
부사어가 끼어들 때

• 이 물체는 숨을 쉬기 때문에 생명체다.

이 문장은 '무엇은 무엇이다' 꼴이다. 즉 서술어가 '체언 + 이다'로 되어 있다. 이 경우 서술어 앞에는 관형어가 놓이는 게 상례이다. 체언으로 된 서술어를 꾸미는 말은 관형어이기 때문이다. 즉 다음의 예처럼 '무엇은 어떤 무엇이다' 꼴로 실현된다.

① 그는 톡톡 튀는 신세대이다.
② 대한민국은 주권이 국민에게 있는 나라이다.

그런데 원문의 '… 때문에'는 관형어가 아닌 부사어이다. 부사어는 동사나 형용사로 된 용언형 서술어를 꾸민다. 즉 다음과 같은 관계가 된다.

③ 그는 노래를 잘하기 때문에 가수이다.
☞ 그는 노래를 잘하기 때문에 가수 소리를 듣는다.

④ 이곳은 비가 왔기 때문에 축축한 땅이다.

☞ 이곳은 비가 왔기 때문에 땅이 축축하다.

따라서 원문도 다음처럼 서술어를 용언형으로 바꾸어야 한다.

☞ 이 물체는 숨을 쉬기 때문에 생명체로 분류된다.

더 알아보기

• 그 회사의 올해 매출액은 신상품 개발에 힘입어 1억 원이다.

→ 그 회사의 올해 매출액은 신상품 개발에 힘입어 1억 원을 기록했다.

• 철수 때문에 우리 반이 꼴찌다.

→ 철수 때문에 우리 반이 꼴찌를 했다.

→ 철수 때문에 우리 반이 늘 꼴찌를 한다.

• 사람이 도둑질을 하면 도둑이다.

→ 사람이 도둑질을 하면 도둑이 된다.

022

주어와 술어 간 의미의 호응

• 글은 그 사람의 인격이다.

글을 보면 그 글을 지은 사람의 성품을 알 수 있다고 한다. 제시문은 이 말을 조금 비틀어서 표현한 것이다. 물론 이렇게 써도 의미는 충분히 전달된다. 하지만 '그 사람'이 누구인지 구체적으로 드러내지 않은 점은 불만스럽다. 다음처럼 대상을 구체화하면 글의 완성도가 더 높아진다.

☞ 글은 그 글을 쓴 사람의 인격이다.
☞ 글은 글쓴이의 인격이다.

한편 이 문장은 '글은 인격이다'라는 주술 구조를 띠는데, 이것도 엄밀히 따지면 비논리적이다. 구상명사인 '글'이 추상명사인 '인격'과 동격이 될 수는 없기 때문이다. 물론 문학적인 표현에서는 허용된다. '내 마음은 호수요'와 같은 형태로서 일종의 은유로 볼 수 있는 것이다. 하지만 일반 글에서는 은유를 인정하기 어렵다. 그러므로 글이 다소 늘어지더라도 정확하게 표현하는 게 좋다.

☞ 글은 글쓴이의 인격을 비추는 거울이다.

☞ 글은 글쓴이의 인격이 담긴 그릇이다.

☞ 글은 글쓴이의 인격을 나타낸다.

☞ 글에는 글쓴이의 인격이 담겨 있다.

 더 알아보기

- 부모님에 대한 효는 우리나라의 자랑거리이다.
→ 부모님에게 효도하는 문화는 우리나라의 자랑거리이다.

- 이 책은 남녀의 사랑에 관한 내용이다.
→ 이 책에서 다루는 것은 남녀의 사랑이다.
→ 이 책은 남녀의 사랑에 관해 다루고 있다.

023
생략된 주어 따라가기

* 수차례 시행착오를 겪은 끝에 나만의 제빵 비법이 탄생했어.

이 문장은 주어가 두 개이고 앞 절의 주어는 생략된 형태이다. 그런데 생략된 주어 '내가'를 넣고 보면 문맥이 잘 통하지 않음을 알 수 있다. 중간에 주어가 바뀐 것이 어색함을 자아내는 원인이다. '~를 겪은 끝에'는 주어의 행위가 지속되다 어느 결과에 다다름을 나타내는 말이기 때문에 앞 절의 주어가 뒤 절의 서술어까지 거느려야 한다. 주어가 생략된 문장이 문법적으로 바른지 확인하려면 이처럼 생략된 주어를 넣어 보면 된다.

☞ 수차례 시행착오를 겪은 끝에 나만의 제빵 비법을 개발했어.

 더 알아보기

* 취업용 스펙 쌓기에 올인하느라 역사와 사회에 대한 진지한 고민은 애초부터 없었다.
→ 취업용 스펙 쌓기에 올인하느라 역사와 사회에 대한 진지한 고

민은 애초부터 하지 않았다.

- 이런 개인 정보를 노리고 끊임없이 해킹이 시도되고 있다.
→ 이런 개인 정보를 노리고 끊임없이 해킹을 시도하고 있다.
→ 이런 개인 정보를 노린 해킹이 끊임없이 시도되고 있다.

- 남을 실컷 비판하면서 자아비판은 없다.
→ 남을 실컷 비판하면서 자아비판은 하지 않는다.

024 ♣ 서술 형태를 일치시키자⑴

025 ♣ 서술 형태를 일치시키자⑵

026 ♣ 문장과 문장 간의 형평성

027 ♣ 앞말이 명령형이면 뒷말도 명령형

028 ♣ 부당한 서술어 공유

029 ♣ 서술부를 쉼표로 대체할 때

030 ♣ 인수분해가 잘못되면

031 ♣ 부당한 부사어 공유

PART
03

문장의
연결

서술 형태를 일치시키자(1)

> • 소설과 같은 문학 작품을 읽거나 음악과 같은 예술 작품에서 아름
> 다움을 느낀다.

　제시문에 들어 있는 '읽거나'의 '- 거나'는 앞뒤 말을 대등하게 이어주는 말(연결어미)이다. 곧 앞말이 동사형이면 뒷말도 동사형, 앞말이 형용사형이면 뒷말도 형용사형이 된다는 뜻이다. 예컨대 '웃거나 울다'는 앞뒤 말이 모두 동사이고, '예쁘거나 귀엽다'는 앞뒤 말이 모두 형용사이다. 이와 달리 '예쁘거나 웃는다', '웃거나 울음이다' 등처럼 앞뒤 말의 품사를 다르게 하면 짜임이 엉성해진다. 제시문은 앞말('읽거나')은 용언으로 되어 있고 뒷말('작품에서')은 체언으로 되어 있다. 앞뒤 말의 형태를 같게 해야 한다. 한편, 대등하게 이어주는 말에는 연결어미 '- 고', '- 며', '- 지만' 등이 있고, 조사 '와/과', '보다', '나' 등이 있다.

　☞ 소설 같은 문학 작품을 읽거나 음악 같은 예술 작품을 감상하는
　　과정에서 아름다움을 느낀다.

만약 앞뒤 말을 체언으로 잇고자 한다면 연결어미 '-거나'를 조사 '이나'로 바꾸어 준다.

☞ 소설 같은 문학 작품이나 음악 같은 예술 작품을 통하여 아름다움을 느낀다.
☞ 소설 같은 문학 작품이나 음악 같은 예술 작품에서 아름다움을 느낀다.

더 알아보기

- 학자들은 퇴비와 같은 천연 비료의 사용이나 오리, 우렁이 같은 해충의 천적을 이용하는 유기 농법을 권장한다.
→ 학자들은 퇴비와 같은 천연 비료를 사용하거나 오리, 우렁이 같은 해충의 천적을 이용하는 유기 농법을 권장한다.

- 지금 당장의 실력보다는 꾸준히 연습하는 선수들이 더 가능성이 크다.
→ 지금 당장 실력을 갖춘 선수보다는 꾸준히 연습하는 선수들이 더 가능성이 크다.

- 그는 떠난다는 말을 듣고 어떤 기분이었을까.
→ 그는 떠난다는 말을 듣고 어떤 기분이 들었을까.

025

서술 형태를 일치시키자(2)

- 이 새는 부리 끝에 수염이 있고 쐐기 모양의 꼬리가 특징이다.

서술부는 'A가 있고, B가 특징이다'라는 구조이다. 두 문장을 연결 어미 '-고'로 연결했는데, 그러자면 앞뒤 문장이 대등성을 띠도록 해야 한다. 따라서 뒤 문장의 'B가 특징이다'를 앞 절에 맞추어 'B가 있다'로 한다.

☞ 이 새는 부리 끝에 수염이 있고 쐐기 모양의 꼬리가 있다.

☞ 이 새는 부리 끝에 수염이 있고 쐐기 모양의 꼬리가 있는 게 특징이다.

더 알아보기

- 통일은 다른 사람이 해 주는 것이 아니라 우리 스스로 주인이라는 생각으로 적극 나서야 한다.
- → 통일은 다른 사람이 해 주는 것이 아니라 우리 스스로 이루어

야 하는 일이라는 생각으로 적극 나서야 한다.

→ 통일은 다른 사람이 해 주는 것이 아니므로 우리 스스로 주인
  이라는 생각으로 적극 나서야 한다.

- 오른쪽 뇌는 음악이나 미술을 할 때 느끼는 정서와 관계가 깊
  고, 왼쪽 뇌는 계산 등의 논리와 관계가 있다.

→ 오른쪽 뇌는 음악이나 미술을 할 때 느끼는 정서와 관계가 깊
  고, 왼쪽 뇌는 계산 등의 논리와 관계가 깊다.

- 사장님은 회의를 마친 뒤 신입 사원들과 점심 식사가 예정돼
  있다.

→ 사장님은 회의를 마친 뒤 신입 사원들과 점심 식사를 할 예정
  이다.

026

문장과 문장 간의 형평성

> • 일어났으면 세수부터 해야지, 그렇지 않고 곧바로 식탁에 앉는 습관은 좋지 않아.

한 문장에 두 개의 절을 담을 때는 각 절끼리 유기적으로 결합되게 해야 한다. 특히 양쪽 절이 대등적일 때는 형식도 대등성을 띠는 것이 일반적이다. 예컨대 앞 절이 '어찌하고'의 동사형이면 뒤 절도 '어찌하다'라는 동사형이 와야 하는 것이다.

원문도 대등성을 요하는 문장이다. 즉 'X해야지, Y하면 되겠니?' 또는 'X해야지 Y해서는 안 된다' 등으로 실현되며, 이 경우 앞 절과 뒤 절이 모두 동사형('X하다', 'Y하다')이 되어야 한다. 그런데 앞 절은 동사형 '세수해야지'인데 뒤 절은 명사형 '앉는 습관'이어서 대등적이지 않다. 다음처럼 뒤 절을 동사형으로 만드는 게 좋다.

☞ 일어났으면 세수부터 해야지, 그렇지 않고 곧바로 식탁에 앉는 습관을 들이는 것은 좋지 않아.

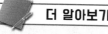

더 알아보기

- 바늘에 실부터 꿰어야지, 실도 안 꿰고 바늘만 찌르겠다는 생각은 섣부르다.

→ 바늘에 실부터 꿰어야지, 실도 안 꿰고 바늘만 찌르겠다고 덤벼들면 섣부르다.

→ 바늘에 실부터 꿰어야지, 실도 안 꿰고 바늘만 찌르면 어떡하니.

- 세수부터 해야지, 밥이 먼저니?

→ 세수부터 해야지, 밥부터 먹니?

027

앞말이 명령형이면 뒷말도 명령형

> • 괜히 나서서 분란이나 일으키지 말고 가만히 있는 게 낫다.

앞말이 명령형인 '말고'로 되어 있으므로 뒷말도 명령형으로 만들어 준다.

☞ 괜히 나서서 분란이나 일으키지 말고 가만히 있어라.

뒷말을 살리고 앞말을 바꾸려면 다음처럼 한다.

☞ 괜히 나서서 분란이나 일으키는 것보다는 가만히 있는 게 낫다.
☞ 괜히 나서서 분란이나 일으키느니 차라리 가만히 있자.

더 알아보기

• 색깔론이나 이념 등의 잣대로 매도하지 말고 진지하고 생산적 인 접근이 필요하다.

→ 색깔론이나 이념 등의 잣대로 매도하지 말고 진지하고 생산적인 접근을 해라.

- 이념에 치우치지 말고 진정한 상생 방안을 모색해야 통일을 앞당길 수 있다.
- 이념에 치우치지 말고 진정한 상생 방안을 모색해라. 그래야 통일을 앞당길 수 있다.
→ 이념에 치우치지 않고 진정한 상생 방안을 모색해야 통일을 앞당길 수 있다.
→ 이념에 치우침 없이 진정한 상생 방안을 모색해야 통일을 앞당길 수 있다.

028 부당한 서술어 공유

• 그는 축구는 물론이고 노래도 잘 부른다.

'나는 국어와 수학을 좋아한다'라는 말은 '나는 국어를 좋아하고, 수학을 좋아한다'라는 말을 줄인 것이다. '국어를'과 '수학을'이 '좋아한다'라는 서술어를 공유하는 형태이다. 그렇다면 제시문은 '그는 축구를 잘 부르는 것은 물론이고, 노래도 잘 부른다'를 줄인 것이 돼야 하는데 '축구를 잘 부른다'라는 말은 성립되지 않으므로 바른 문장이 될 수 없다. 이 경우 표현이 늘어지더라도 '축구'와 짝을 이루는 서술어를 따로 갖추어 주어야 한다.

☞ 그는 축구를 잘하는 것은 물론이고 노래도 잘 부른다.

물론 더 간략하게 '그는 축구도 잘하고 노래도 잘 부른다'로 할 수 있지만 이는 논점에서 벗어난 것이기 때문에 논외로 한다. 그렇다면 다음처럼 줄이면 어떨까.

☞ 그는 축구는 물론이고 노래도 잘한다.

구조적으로 보자면 이 문장은 '그는 축구를 잘하고 노래도 잘한다'를 줄인 것이어서 아무 문제가 없다. 하지만 의미상으로는 약간 결점이 있다. 이와 관련하여 다음 두 문장을 비교해 보자.

① 철수는 음악과 미술을 잘해.
② 철수는 체육과 노래를 잘해.

①는 자연스럽고 ②는 부자연스럽다. ②가 부자연스럽게 느껴지는 이유는 '체육'과 '노래'가 이질적이기 때문이다. 두 개 이상의 단어나 구를 나열할 때는 ①처럼 나열되는 말이 동질적이어야 한다. 다만 사람마다 느끼는 이질감이 다를 수는 있다. 즉 ②에 대해 어떤 사람은 많이 어색해하는 반면, 어떤 사람은 어색함을 거의 느끼지 못하기도 한다. 그림이 아는 만큼 보이듯, 글도 아는 만큼 보이는 것이다.

더 알아보기

- 이웃 간에 도리와 예절을 지켜야 한다.
→ 이웃 간에 도리를 다하고 예절을 지켜야 한다.

- 최근 IT 산업에 대한 관심과 투자가 많이 이루어지고 있다.
→ 최근 IT 산업에 대한 관심이 증가하고 투자도 많이 이루어지고 있다.

029

서술부를 쉼표로 대체할 때

> • 반장 선거에서 철수는 영수를, 영희는 민희에 대해 지지를 선언
> 했다.

같은 서술부가 되풀이될 때는 일정한 부분을 줄여서 쉼표로 대체할
수 있다.

① 오이는 100원에 팔고, 가지는 200원에 판다.
☞ 오이는 100원에, 가지는 200원에 판다.

② 철수는 서울에서 이곳으로 이사 왔고, 영희는 부산에서 이곳으로
   이사 왔다.
☞ 철수는 서울에서, 영희는 부산에서 이곳으로 이사 왔다.

①에서는 서술어 '팔다'가 되풀이되어 앞부분을 쉼표로 대체하였다.
②에서도 서술부 '이곳으로 이사 오다'가 되풀이되어 앞부분을 쉼표로
대체했다. 즉 앞뒤 절의 서술어가 같을 때는 앞 절의 서술어를 쉼표로
대체할 수 있다.

하지만 제약 조건이 따른다. 서술어를 공유하는 앞뒤 말의 형태가 같아야 한다는 것이다. ①의 '100원에'와 '200원에'가, ②의 '서울에서'와 '부산에서'가 그것이다. 두 말의 형태가 같지 않으면 되풀이되는 말을 공유할 수 없으며, 따라서 쉼표로 대체하는 것 자체가 불가능하다.

제시문의 경우 서술어를 공유하는 '영수를'과 '민희에 대해'가 형태상 동일하지 않다. 그 결과 앞 절의 '영수를'이 뒤 절의 '지지를 선언하다'를 공유하지 못해 문맥이 틀어진 것처럼 느껴진다. 따라서 다음처럼 바꾸어 올바른 공유 관계를 이루도록 한다.

☞ 반장 선거에서 철수는 영수를, 영희는 민희를 지지했다.
☞ 반장 선거에서 철수는 영수에 대해, 영희는 민희에 대해 지지를 선언했다.

 더 알아보기

• 여당은 전면 개정을, 야당은 일부만 개정하자고 주장한다.
→ 여당은 전면 개정을, 야당은 일부 개정을 주장한다.
→ 야당은 전면 개정을 주장하는 반면, 야당은 일부만 개정하자고 주장한다.

• 하급 노조는 파업 선언을, 상급 노조는 연대 투쟁을 외치면서 사측을 협공했다.
→ 하급 노조는 파업을 선언하고 상급 노조는 연대 투쟁을 외치면서 사측을 협공했다.

030
인수분해가 잘못되면

> • 칼슘 섭취 또는 신체 활동이 부족한 사람은 골다공증에 걸리기
>   쉽다.

   '칼슘 섭취 또는 신체 활동이 부족한 사람'은 '칼슘 섭취가 부족하거
나 신체 활동이 부족한 사람'을 줄인 형태이다. '부족한'을 공통 인수로
묶어, '또는'으로 이어지는 앞뒤 말이 이를 공유토록 한 것이다. 이 형
태가 안정성을 띠려면 '또는'으로 이어지는 앞뒤 말이 의미상, 형태상
동질적이어야 한다. 예컨대 '음악 또는 미술'은 '음악 또는 국어'보다 훨
씬 안정돼 있다. 제시문의 경우 '칼슘 섭취'와 '신체 활동'은 매우 이질
적이다. 구조적으로도 '칼슘 섭취'는 목적어 + 서술어 형태이고 '신체
활동'은 명사형 수식 구조이다.

   ☞ 칼슘이 부족하거나 신체 활동이 적은 사람은 골다공증에 걸리기
     쉽다.

- 부잣집이나 도시에서 태어난 사람이 배움에 유리하다.
→ 부잣집에서 태어나거나 도시에서 자란 사람이 배움에 유리하다.

- 직업이나 능력이 좋아야 여자들에게 인기가 있다.
→ 직업이 좋거나 능력이 뛰어나야 여자들에게 인기가 있다.

- 주식과 채권 시장
→ 주식 시장과 채권 시장

- 가솔린과 증기 기관
→ 가솔린 기관과 증기 기관

031

부당한 부사어 공유

• 제안자의 이름과 제안 내용을 상세히 적으시오.

무엇을 상세히 적으라는 것일까. 당연히 '제안 내용'을 가리킨다. 하지만 꼼꼼히 따져 보면 그것만 가리키지는 않는다. 이름까지 상세히 적으라는 것이다. 즉 이름과 제안 내용을 상세히 적으라는 말은 이름을 상세히 적고, 제안 내용도 상세히 적으라는 뜻이 된다. 목적어 '이름'과 '제안 내용'이 '상세히'라는 부사어를 공유하는 것이다. 그런데 이름은 정확히 적을 수는 있어도 상세히 적을 수는 없다. 따라서 이 문장은 정확성이 떨어진다.

☞ ① 제안자의 이름을 적고 제안 내용을 상세히 적으시오.
☞ ② 제안자의 이름을 쓰고 제안 내용을 상세히 적으시오.

이렇게 표현하면 정확하겠다. 다만 ①은 '적다'라는 표현이 반복된다. 이처럼 같은 말이 반복되면 글이 투박해진다. ②는 이 문제를 해소한 것이다.

☞ 제안자의 이름과 함께 제안 내용을 요약해 적으세요.

이처럼 두 목적어 사이에 '함께'를 넣는 것도 생각해 볼 만하다. 이렇게 표현하면 두 목적어 간의 동질성, 즉 '상세히'라는 부사어를 공유하는 성질이 무뎌진다. 즉 이름도 상세히 적으라는 뜻인지 헷갈리게 하는 두루뭉술한 표현이 된다. 달리 뾰족한 대안을 찾기 어렵다면 이렇게 표현하는 것도 한 가지 방법이 될 수는 있겠다.

- 철수는 집에서 TV를 보고 친구들과 노느라 공부할 시간이 없다.

이 문장도 '집에서'라는 부사어가 뒤의 두 서술부인 'TV를 보다'와 '친구들과 놀다'를 공유한다. 즉 친구들과 노는 장소가 '집'이 되고 만다. 하지만 글의 의도는 그게 아닐 것이다.

☞ 철수는 집에서는 TV를 보고, 밖에서는 친구들과 노느라 공부할 시간이 없다.

그렇다면 이처럼 '집에서는 … 밖에서는 …' 형태를 만들어 '집에서'가 앞의 서술부만 수식하도록 한다.

③ 엄마에게 고마워하면서 꼭 껴안았다.

이 문장도 '엄마에게'가 '고마워하면서'와 '껴안았다'를 공유하는 형태이다. 그런데 '엄마에게 껴안았다'라는 표현은 적절치 않다. '엄마를 껴안았다'가 돼야 할 것이다. 따라서 글이 조금 늘어지더라도 '껴안았다' 앞에 목적어를 갖추어 주는 게 좋다.

☞ 엄마에게 고마워하면서 엄마를 꼭 껴안았다.

032 ♣ '은/는'과 '이/가'의 차이

033 ♣ 종속절의 주어에는 '이/가'

034 ♣ '-(으)로'를 남용하지 말자

035 ♣ '-은/-는'으로 부분부정문 만들기

036 ♣ 무정물에는 '에', 유정물에는 '에게'

037 ♣ 정적인 상황에는 '에', 동적인 상황에는 '에서'

038 ♣ '에'와 '을/를' 가려 쓰기

039 ♣ '에'와 '이/가' 가려 쓰기

040 ♣ '-하기란'과 호응하는 서술어

041 ♣ 높임말 '께서' 가려 쓰기

042 ♣ '은/는'이 중첩되면

043 ♣ '을/를'이 연이어지면(1)

044 ♣ '을/를'이 연이어지면(2)

045 ♣ '을/를'이 연이어지면(3)

046 ♣ '의'가 연이어지면

047 ♣ '(으)로'가 연이어지면

048 ♣ '도'가 연이어지면

049 ♣ 보조사 '은/는'의 쓰임 … '요즘'과 '요즘은'

050 ♣ 조사 간의 결합… '까지', '에까지', '까지도'의 선택 기준

PART
04

조사의
특성

032
'은/는'과 '이/가'의 차이

- 옛날에 한 농부는 산길을 걷고 있었다.

위의 문장이 옛날이야기 글의 첫머리라고 한다면 어떨까. '농부는'을 '농부가'로 바꾸고 싶은 마음이 간절할 것이다. 우리는 자신도 모르는 사이에 이처럼 조사 '은/는'과 '이/가'를 구별해 쓴다. 어떤 기준에 의해 구별하는 것일까.

첫째, 주어를 처음 소개할 때는 '이/가'를 쓴다. 예문이 그런 경우로서, 이때는 '농부는' 대신 '농부가'를 써야 한다.

둘째, '은/는'은 비교·대조를 나타낼 때 쓴다. '철수는 거기에 가지 않았다'가 그러한 예이다. 이 경우 '철수는'은 '다른 사람은 몰라도 철수는'이라는 의미를 지니게 된다. 제시문이 어색한 이유도 '농부는'이 대조의 의미를 나타낸다는 점에서 근거를 찾을 수 있다. 즉 이 경우 '다른 농부가 아닌 어떤 한 농부는'이라는 의미를 지니게 되는데, 예문은 옛날이야기의 첫머리 글이므로 이런 의미를 나타낼 이유가 없다.

셋째, 이미 아는 주어라도 그 주어를 강조할 때, 곧 관심의 초점을 주어에 둘 때는 '이/가'를 쓴다. 반면 '은/는'은 술어부를 강조할 때, 곧 관심의 초점을 서술부에 둘 때 쓴다.

① "철수가 일등이래." "뭐, 철수가?"
② "영희는 꼴찌래." "뭐, 꼴찌라고?"

①은 주어에 '가'가 붙었고, ②는 주어에 '는'이 붙었다. 이처럼 조사를 다르게 썼더니 답변이 달라졌다. 즉 ①은 주어 쪽에 관심이 쏠려 "뭐, 철수가?"라고 반문했고 ②는 술어 쪽에 관심이 쏠려 "뭐, 꼴찌라고?"라고 반문한 것이다. 이로써 '이/가'는 관심의 초점이 주어에 있을 때 사용하고, '은/는'은 관심의 초점이 술어에 있을 때 사용한다는 것을 알 수 있다.

 • 옛날에 한 농부가 살았다. 농부가 매우 가난했다.

이 예문은 두 번째 문장의 '농부가'가 어색하다. '농부는'으로 해야 한다. 이미 앞에서 '농부'를 관심의 초점으로 삼기 위해 주어를 '농부가'라고 표현했으므로 여기서 또다시 농부를 관심의 초점으로 삼을 필요가 없다. 따라서 '가난했다'에 관심의 초점을 두기 위해 '농부는'을 쓰는 것이다.

넷째, '은/는' 설명문에, '이/가'는 묘사문에 쓴다.

③ 사람은 누워서 잔다.
④ 사람이 누워서 잔다.

③은 주어에 '은/는'이 붙고, ④는 '이/가'가 붙었다. 그런데 이 차이가 문장의 의미를 완전히 갈랐다. ③은 '사람'이 어떤 행위의 특성을 지니고 있는지를 설명한다. ④는 '사람'이 지금 어떤 행위를 하고 있는지

묘사하고 있다.

⑤ 대통령이 식목일을 맞아 청와대 뒷산에서 나무를 심고 있다.
⑥ 대통령은 식목일을 맞아 청와대 뒷산에서 나무를 심고 있다.

신문의 사진 설명 글이다. 대통령이 나무 심는 행위를 묘사하고 있다. 이처럼 행위를 묘사할 때는 ⑤처럼 주어를 '대통령이'로 해야 한다. ⑥처럼 '대통령은'으로 하면 비교·대조의 의미를 지니게 되므로 상황에 어울리지 않는 표현이 되고 만다.

⑦ 대통령은 식목일을 맞아 청와대 뒷산에서 나무를 심었다.
⑧ 대통령이 식목일을 맞아 청와대 뒷산에서 나무를 심었다.

이것은 사진 설명 글이 아니고 일반 기사 문장이다. 대통령이 나무 심은 사실을 전달하는 글이다. 이 경우는 ⑦처럼 '대통령은'으로 하는 게 올바르다. '다른 사람이 아닌 대통령은'이라는 비교·대조의 의미가 담기게 된다. 또 관심의 초점은 서술부의 '나무를 심었다'에 있게 된다. 만약 ⑧처럼 표현하면 관심의 초점이 주어에 있게 되어 의도치 않게 '대통령'을 강조하고 만다. 즉 '다른 사람도 아닌 대통령이'라는 의미를 지니게 된다.

 더 알아보기

• 철수가 영희를 좋아하는데 영희는 철수를 싫어한다.

→ 철수는 영희를 좋아하는데 영희는 철수를 싫어한다.

- 서울시 관계자가 이번 사건에 대해 "재발 방지 대책을 마련하겠다"고 말했다.
→ 서울시 관계자는 이번 사건에 대해 "재발 방지 대책을 마련하겠다"고 말했다.

033

종속절의 주어에는 '이/가'

> • 구름은 걷히면서 비가 그쳤다.

이 문장은 주절과 종속절로 구성되어 있다. 뒷부분 '비가 그쳤다'가 주절이고, 앞부분 '구름은 걷히면서'가 종속절이다. 그런데 종속절의 '구름은 걷히면서'가 글의 흐름을 방해한다. '구름이 걷히면서'로 바꾸어야 한다. 그 이유를 살펴보기 위해 문두에 놓인 조사 '은/는'의 쓰임에 대해 알아보자.

① 철수는 다루기 어렵다.
② 철수를 다루기 어렵다.

흔히 '은/는'이 붙은 말이 문두에 놓이면 그 말이 주어가 된다고 생각하기 쉽다. 예컨대 ①의 경우 '철수는'을 주어로 보는 것이다. 하지만 이것은 주어가 아니다. 이 문장을 ②처럼 바꾸어 놓고 보면 '철수는'이 '철수를'이라는 목적격으로 쓰였음을 알 수 있다. 주격으로 쓰였건 목적격으로 쓰였건 관계없이 '은/는'이 문두에 놓일 경우에는 ' … 로 말할 것 같으면' 또는 ' … 의 경우'로 해석된다. 즉 ①은 '철수로 말할 것 같으면 다루기 어렵다' 또는 '철수의 경우 다루기 어렵다'라는 의미가 된다. 문법에서는 이 '철수는'을 주제어라고 하는데, 주제어는 뒷말 전체를 지배 영역으로 삼는 특징이었다. 좀 더 알기 쉬운 예문을 들어 보자.

③ 철수는 꼴찌를 하는 게 유리해.
④ 철수가 꼴찌를 하는 게 유리해.

③과 ④는 의미가 매우 다르다. ③의 경우 '유리하다'의 주체는 '철수'이다. 곧 '철수가 꼴찌를 하면 철수 자신이 유리하다'라는 의미이다. 이 경우 '철수는'은 문장 전체를 지배한다. 반면 ④의 경우 '유리하다'의 주체는 '철수'일 수도 있고 다른 사람이 될 수도 있다. '철수가 꼴찌를 하는 게 (철수 자신에게/우리에게) 유리해'라는 의미 구조를 띠기 때문이다.

⑤ 아들은 1등을 하면 노래를 불렀다.
⑥ 아들이 1등을 하면 (엄마는) 노래를 불렀다.

같은 맥락에서, ⑤의 경우 '아들은'이 지배하는 영역은 문장 전체이므로 '아들이 노래를 불렀다'라는 뜻이 된다. ⑥의 경우엔 '아들이'가 '1등을 하다'까지만 지배하는 것으로 이해된다. 따라서 노래를 부른 사람은 예컨대 엄마가 될 것이다.

이 같은 '은/는'의 특성을 알면 다음 문장의 문제점을 파악할 수 있다.

⑦ 철수는 오니까 영희가 갔다.

이 문장에서 '철수는'은 주제어로서 문장 전체를 지배한다. 즉 '철수는 … 영희가 갔다'의 구조가 되어야 한다. 하지만 이 구조는 성립할 수 없다. 따라서 이 문장에서 '철수는'은 적절치 않은 표현이 된다. 우리가 이 경우 망설임 없이 '철수가'를 쓰는 이유는 이상과 같은 원리 때문이다. 즉 종속절에는 '은/는'을 쓸 수 없는 것이다. 거꾸로 말하면 종속절의 주어에는 '이/가'가 쓰인다.

 더 알아보기

- 남편은 노래를 부르면 아내가 춤을 추었다.
→ 남편이 노래를 부르면 아내가 춤을 추었다.

- 서양은 지는 해라면 동양은 뜨는 해다.
→ 서양이 지는 해라면 동양은 뜨는 해다.

- 정부는 아무리 훌륭한 일자리 정책을 구사해도 기업이 호응하지 않으면 소용이 없다.
→ 정부가 아무리 훌륭한 일자리 정책을 구사해도 기업이 호응하지 않으면 소용이 없다.

- 우리 부부는 승용차를 타고 가던 중 그만 승용차 타이어가 펑크 나고 말았다.
→ 우리 부부가 승용차를 타고 가던 중 그만 승용차 타이어가 펑크 나고 말았다.

034

'-(으)로'를 남용하지 말자

> • 여름에는 안방까지 침투하는 모기로 골치가 아프다.

'(으)로'는 거의 만능에 가까운 표현력을 지녔다. '빵으로 때우다'(수단), '집으로 삼다'(도구), '샛길로 가다'(방향) 등등.

이처럼 여러 의미로 사용된다는 것은 거꾸로 말하면 의미를 분명하게 드러내지 못한다는 뜻이기도 하다. 원문 '모기로'는 '모기 때문에'라는 의미로 쓰였지만 '모기 때문에'를 쓴 것보다 의미 전달력이 떨어진다. 의미를 명확히 하는 말이 있을 때는 그 말을 쓰는 게 좋다.

더 알아보기

- 늘어난 수명으로 인생의 1/3을 노년기로 보낸다.
- → 수명이 늘어나다 보니 인생의 1/3을 노년기로 보낸다.
- → 수명이 늘어난 결과 인생의 1/3을 노년기로 보낸다.

- 저금리로 돈을 활용할 데가 없어지자 사람들이 주식에 관심을

기울인다.

→ 금리가 낮아 돈을 활용할 데가 없어지자 사람들이 주식에 관심을 기울인다.

→ 저금리 시대를 맞아 돈을 활용할 데가 없어지자 사람들이 주식에 관심을 기울인다.

- 그는 변호사로 첫 공식 업무를 시작했다.
→ 그는 변호사로서 첫 공식 업무를 시작했다.

- 사소한 언쟁으로 촉발된 싸움이 끝내 피를 불렀다.
→ 사소한 언쟁에서 촉발된 싸움이 끝내 피를 불렀다.
→ 사소한 언쟁으로부터 촉발된 싸움이 끝내 피를 불렀다.

035

'-은/-는'으로 부분부정문 만들기

> ㉠ 나, 집 떠난다고 밥 굶지 않아.
> ㉡ 나, 집 떠난다고 밥 굶지는 않아.
> ㉢ 나, 집 떠난다고 밥 굶는 건 아니야.

위의 세 가지 표현은 의미하는 바가 조금씩 다르다. ㉠은 당당함이 배어 있는 표현이다. '집 떠나도 잘 살 수 있어' 라는 의미가 담겨 있다. ㉡은 꼬리를 약간 내린 표현이다. '고기는 못 먹겠지만 밥은 안 굶어'라는 식이다. 즉 부분부정문이다. ㉢은 '집 떠나는 것과 밥 굶는 건 별로 관계가 없어'라는 의미로 해석할 수 있다. 그러므로 상황에 적합한 표현을 골라 써야 할 것이다.

하지만 우리는 일상 언어에서 ㉠과 ㉡을 그다지 구별하지 않고 쓴다. '바담풍' 하면 '바람풍'으로 알아듣는 습관 때문이다. 다음 표현은 더욱 그렇다.

- 호박에 줄 긋는다고 수박 되지 않는다.
- 호박에 줄 긋는다고 수박 되지는 않는다.

위의 두 표현은 사실 의미 차이를 느끼기 어렵다. 따라서 어느 것을 써도 무방하다. 그렇다면 다음 표현은 어떨까.

① 박사라고 모든 걸 다 알지 못한다.
② 박사라고 모든 걸 다 알지는 못한다.
③ 박사라고 모든 걸 다 아는 것은 아니다.

①은 애매한 표현이다. '모든 걸 알지 못한다'는 곧 '아무것도 모른다'는 뜻이기 때문이다. 따라서 자칫 '박사라고 해도 아는 게 하나도 없다'로 해석될 소지가 있다. 그러므로 이 경우에는 ②나 ③처럼 부분부정을 나타내는 '은/는'과 어울리도록 하는 게 좋다.

 더 알아보기

- 제도를 바꾼다고 해서 개혁이 이뤄지지 않는다.
→ 제도를 바꾼다고 해서 개혁이 이뤄지지는 않는다.
→ 제도를 바꾼다고 해서 개혁이 이뤄지는 것은 아니다.

- 도토리가 없다고 해서 다람쥐가 죽지 않는다.
→ 도토리가 없다고 해서 다람쥐가 죽지는 않는다.

036

무정물에는 '에', 유정물에는 '에게'

• 대기업이 중소기업에게 기술을 전수한다.

　진행 방향을 나타내는 조사로 '에'와 '에게'가 있다. '에'는 무정물 뒤에, '에게'는 유정물 뒤에 붙는다. '화분'은 무정물이므로 '화분에 물을 주다.'라 하고, '개'는 유정물이므로 '개에게 물리다'라고 한다. 제시 문의 '중소기업'은 무정물이므로 '에게' 대신 '에'를 붙이는 게 옳다.

　애매한 경우도 있다. 벌레는 유정물과 무정물의 경계에 있는 것일까. '벌레에 물렸다'와 '벌레에게 물렸다'가 두루 쓰인다. '벌에 쏘이다'와 '벌에게 쏘이다'도 마찬가지다. 다만 전자가 쓰임의 우위를 보이기는 한다.

　① 경찰이 왜 대기업에는 함부로 못하지?
　② 경찰이 왜 대기업에게는 함부로 못하지?

　이 두 예문 중 어느 것이 더 나은지 판단하는 것은 쉽지 않다. '대기업'이 무정물이므로 '대기업에'로 하는 게 옳기는 하다. 다만 '함부로 못하다'가 ' … 에게 함부로 못하다'의 형태로 흔히 사용되는 점을 감안하면 '대기업'에 인격을 부여해 '대기업에게'로 하는 게 타당하다는 논리도 무시할 수는 없어 보인다. '나무에게 물어 봐'와 같은 형태다. 물론 이 경우에도 '나무에'와 '나무에게' 중 어느 것이 절대적으로 옳다고 단정하기는 어렵다.

 더 알아보기

- 복지 단체에게 쌀을 전달했다.
→ 복지 단체에 쌀을 전달했다.

- 독일 국민에 고함
→ 독일 국민에게 고함

- 모든 책임은 정부에게 있다.
→ 모든 책임은 정부에 있다.

037

정적인 상황에는 '에', 동적인 상황에는 '에서'

• 그 지하실은 습기가 많아 벽면에 물이 줄줄 흘러내렸다.

조사 '에'와 '에서'는 반대 개념으로 쓰일 때가 많다. '서울에 간다'와 '서울에서 간다'에서 알 수 있듯이 '에'는 도착지를, '에서'는 출발지를 표시한다. 또 '에'는 정적인 상황에, '에서'는 동적인 상황에 쓰이기도 한다. '서울에 산다'는 서울에 거주한다는 뜻이고, '서울에서 산다'는 서울에서 삶을 영위한다는 뜻이다.

☞ 그 지하실은 습기가 많아 벽면에서 물이 줄줄 흘러내렸다.

 더 알아보기

• 아이들이 공부를 외면한다는 점에서 문제의 심각성이 있다.
→ 아이들이 공부를 외면한다는 점에 문제의 심각성이 있다.
→ 아이들이 공부를 외면한다는 점에서 문제의 심각성을 느낄 수 있다.

• 아마 그 집에서 사는 사람이 동네 원주민일 것이다.
→ 아마 그 집에 사는 사람이 동네 원주민일 것이다.

038

'에'와 '을/를' 가려 쓰기

> • 영업점에 방문하지 않고도 계좌를 개설할 수 있다.

'산에 오르다'와 '산을 오르다'는 쓰임새가 다르다. 우선 출발점을 기준으로 보면, 산이 아닌 곳에서 산으로 올라갈 때에는 '산에 오르다'라고 한다. 산에서 산을 타고 올라갈 때는 '산을 오르다'라고 한다.

　①-1 동산에 올라가서 보면 마을 전체가 보인다.
　①-2 동산을 올라가서 보면 마을 전체가 보인다.

이 예문은 동산이 아닌 곳, 예를 들면 마을에서 동산으로 올라가는 상황이다. 이 경우 '을/를'보다는 '에'가 더 낫다.

　②-1 그는 열심히 산에 올랐다.
　②-2 그는 열심히 산을 올랐다.

이 예문은 산에서 산을 오르는 상황이다. 즉 출발지가 산이다. 이 경우 '에'보다는 '을'이 더 낫다.

③ - 1 산에 오르면 기분이 상쾌해진다.

③ - 2 산을 오르면 기분이 상쾌해진다.

이 예문은 출발지가 산일 수도 있고 산이 아닐 수도 있다. 따라서 두 문장 모두 자연스럽다.

목적성을 기준으로 구분되기도 한다. 다시 말하면 목적성이 강할 경우에는 '을/를'이, 목적성이 약할 경우에는 '에'가 사용된다. 예컨대 '산에 오르다'는 단순히 산으로 올라가는 것이고, '산을 오르다'는 등반 등을 목적으로 산을 올라가는 것이다. '엘리베이터에 타다'라고 하지 않고 '엘리베이터를 타다'라고 하는 것도 타는 행위에 목적성이 들어 있기 때문이다.

따라서 제시문도 '영업점에 방문하다'보다는 '영업점을 방문하다'가 낫다. 방문 자체가 목적성을 띤 말이기 때문이다.

 더 알아보기

- 지금 서 있는 곳에서 행복할 수 없다면 어디에 가도 마찬가지이다.
- → 지금 서 있는 곳에서 행복할 수 없다면 어디를 가도 마찬가지이다.

- 배가 아파 병원에 찾아갔더니 식중독이라고 한다.
- → 배가 아파 병원을 찾아갔더니 식중독이라고 한다.

039

'에'와 '이/가' 가려 쓰기

• 두 정당의 통합 논의가 제동이 걸렸다.

'감기가 걸리다'라고 말하는 사람이 적지 않다. '아빠 마음에 감기가 걸렸어요'라는 책 제목도 있다. 하지만 이 말은 문법적으로 성립되기 어렵다. 사전에도 '감기에 걸리다'만 있고 '감기가 걸리다'는 없다. 이와 반대로 '비상에 걸렸다'라고 말하는 사람도 있다. '검역 당국이 비상에 걸렸다' 식인데 이는 확실한 비문이다. '비상이 걸렸다'가 올바른 표현이다.

　① - 1 검역 당국이 비상이 걸렸다.
　① - 2 검역 당국에 비상이 걸렸다.

'비상이 걸렸다'로 표현하는 방법도 두 가지다. 그중 ① - 1은 관심의 초점이 '검역 당국'에 있다. ① - 2는 관심의 초점이 '비상'에 있다. 다만 ① - 1은 중주어문이어서 주어끼리 충돌되는 면이 있다. 따라서 굳이 '검역 당국'을 강조할 이유가 없다면 ① - 2를 택하는 게 좋다. 위의 제시문도 다음처럼 고치면 더 부드럽게 읽힌다.

☞ 두 정당의 통합 논의에 제동이 걸렸다.

 더 알아보기

- 해외 진출이 탄력이 붙었다.
→해외 진출에 탄력이 붙었다.

- 자동차 수출이 빨간불이 켜졌다.
→ 자동차 수출에 빨간불이 켜졌다.

- 사업이 추진 동력이 떨어졌다.
→ 사업에 추진 동력이 떨어졌다.
→ 사업이 추진 동력을 잃었다.

040
'-하기란'과 호응하는 서술어

- 중류층을 상류층으로 끌어올리기란 많은 비용이 든다.

글이 어색하다 싶을 때는 조사나 어미의 쓰임이 바른지부터 따져 보는 게 좋다. 우리말은 조사와 어미가 매우 발달했는데, 이는 그만큼 조사와 어미의 쓰임이 세분화되었다는 뜻이다. 제시문은 조사 '란'이 붙은 '-하기란'이 뒷말과 잘 호응되지 않는다. '-하기란'은 '-하는 것은'이라는 뜻이다.

① 일등이 꼴찌를 하기란 매우 힘들다.
☞ 일등이 꼴찌를 하는 것은 매우 힘들다.

② 일등이 꼴찌를 하기란 여간 힘든 게 아니다.
☞ 일등이 꼴찌를 하는 것은 여간 힘든 게 아니다.

따라서 원문도 '끌어올리기란'을 '끌어올리는 것은'으로 바꿀 수 있는데, 이렇게 바꾸어 놓고 보면 앞뒤 말이 서로 호응되지 않는 것을 알 수 있다. (사실, '…하기란'은 부정문과 잘 어울리기 때문에 ①과 ② 중에서도

②가 더 자연스럽다.) 원문은 다음처럼 바꿀 수 있다.

☞ 중류층을 상류층으로 끌어올리려면 많은 비용이 든다.

☞ 중류층을 상류층으로 끌어올리는 데에는 많은 비용이 든다.

☞ 중류층을 상류층으로 끌어올리기에는 들어가는 비용이 너무 많다.

☞ 중류층을 상류층으로 끌어올리기란 여간 힘든 게 아니다. 그만큼
   많은 비용이 들어가기 때문이다.

041

높임말 '께서' 가려 쓰기

> • 우리 선생님께서 배가 나오셨다.

'께서'는 주격 조사 '이/가'의 높임말이다. 특히 서술어에 높임을 나타내는 어미 '-시-'가 붙어 있을 때는 '이/가'보다 '께서'를 붙이는 것이 좋다. 즉 '선생님이 오셨다'보다는 '선생님께서 오셨다'가 더 어울린다. 하지만 글의 성격에 따라서는 높이는 대상에 '께서'를 쓸 수 없는 경우가 있다.

> • 선생님께서 예쁘시다.

전술했듯이 '께서'는 주격 조사 '이/가'와 호환된다. 바꾸어 말하면 보조사 '은/는'이 들어갈 자리에는 '께서'를 쓰기 어렵다는 뜻이 된다. 이 예문의 경우 높임말을 쓰지 않는다면 '선생님이 예쁘다'보다는 '선생님은 예쁘다'가 더 자연스럽다. 곧 '선생님은'이 들어갈 자리에 '선생님께서'를 쓴 것이다. 이 문장은 비문에 해당한다.

그렇다면 '이/가'가 들어갈 자리와 '은/는'이 들어갈 자리는 어떻게 구별될까. 우선 동사가 서술어로 쓰일 때, 곧 주어가 행동성을 띨 때는

'이/가' 문장이 기본형이 된다. '철수가 간다'가 그러한 예이다. 이때 '철수는 간다'는 기본형에 '대조'라는 특수 의미를 부여한 특수형이 된다. 또 상태를 나타내는 형용사가 서술어로 쓰일 때도 '이/가'가 기본형이 된다. '철수가 {아프다/앉아 있다}' 등이 그러한 예이다.

이와 달리 성격이나 성질을 나타내는 형용사가 서술어로 쓰일 때는 '은/는'이 기본형이 된다. '철수는 {착하다/뚱뚱하다/손이 크다}' 등이 그것이다. 이처럼 '은/는'이 기본형으로 쓰이는 문장에는 '께서'를 사용할 수 없다. '선생님께서 {날씬하시다/피부가 고우시다/눈이 크시다}' 등의 표현은 자연스럽지 않다.

한편, '이/가'와 '은/는'의 경계에 있는 문장도 생각해 볼 수 있다. '아버님께서 안방에 계신다'라는 문장이 이에 속한다. 이 경우에는 '께서'의 쓰임이 옳은지 그른지 판단하기는 쉽지 않다. 일부 학자는 이를 비문으로 간주하지만. 그보다는 어색함의 정도가 심하다고 표현하는 것이 합리적일 듯하다. 반면 '아버님께서 누워 계신다'는 무리가 없는데, 이는 '눕다'라는 동사가 '께서'와 호응되기 때문이다.

맨 위의 제시문은 글 쓴 의도에 따라 '께서'의 허용 여부가 갈릴 듯하다. 기본적으로 '배가 나오다'는 '뚱뚱하다' 계열에 속하므로 주어에 '은/는'이 붙어야 자연스럽다. 그러므로 '우리 선생님은 배가 나오셨다'로 표현하면 무리가 없다. 다만 '지금 보니까 우리 선생님이 배가 나오셨네'처럼 상황을 묘사하는 내용이라면 '선생님이'를 쓰게 되므로 이때는 '선생님께서'로 대체할 수 있다.

 더 알아보기

- 우리 할아버지께서는 올해 연세가 90세이십니다.

→ 우리 할아버지는 올해 연세가 90세이십니다.

- 그 아저씨께서는 우리 아버지의 사촌이십니다.
→ 그 아저씨는 우리 아버지의 사촌이십니다.

042

'은/는'이 중첩되면

> • 환율은 전날보다 10원 내리며 최근의 널뛰기 장세는 다소 진정
> 됐다.

이 문장은 '환율은~장세는'의 구조에서 알 수 있듯이 주어가 두 개
이다. 각 주어마다 술어가 딸려 있으므로 문법적으로 문제는 없다. 다
만 그 주어에 붙은 조사가 같은 '은/는'이라는 점이 걸린다. 일반적으
로 '이/가'가 아닌 '은/는'이 붙은 주어는 그 문장의 핵심 주어 역할을
한다. 따라서 이 문장은 핵심 주어가 두 개라는 뜻인데, 예컨대 '철수는
남자이고 영희는 여자이다'처럼 대등절로 이어진 문장은 핵심 주어가
두 개이지만, 그 외에는 하나만 있는 게 보통이다. 핵심 주어가 여럿이
면 글의 초점이 흐려진다. 또 은/는'이 연이어지면 같은 음의 반복에
따른 간섭 현상도 생겨난다.

① 나는 그는 아프다고 생각한다.
② 나는 그가 아프다고 생각한다.

두 예문은 핵심 주어, 즉 대주어가 '나'이고 소주어가 '그'이다. 대주

어, 소주어 구별 없이 모두 조사 '는'을 사용했다. 물론 이때 '그는'은 '다른 사람은 몰라도 그 사람만큼은'이라는 뜻과 함께 대상을 한정하는 기능을 한다. 그러므로 '그가'로 쓰는 것과는 의미 차이가 있다. 다만 그 차이는 무시할 수 있을 정도여서 읽기 편한 쪽에 더 비중을 둔다. 그래서 ①보다는 ②를 선호하게 된다.

연이어진 '은/는' 가운데 하나가 주어로 쓰이지 않았다 하더라도 매끄럽지 않기는 마찬가지이다.

③ 세상에서는 흔히 가정은 사회의 축소판이라고 한다.
④ 결국은 그는 떠났다.

③에서, '세상에서는'의 '는'은 주격이 아니다. '세상에서'를 강조하기 위한 보조사일 뿐이다. 그렇지만 뒤의 '가정은'과 음이 충돌한다. ④ 역시 첫 번째 '은'이 부사 '결국'을 강조하기 위한 것이지만 '그는'과 충돌한다. 다음처럼 바꾼 것과 비교하면 그 자연스러움의 정도 차이를 느낄 수 있을 것이다.

③-1 흔히들 가정은 사회의 축소판이라고 한다.
③-2 일반적으로 가정은 사회의 축소판이라고 한다.

④-1 결국 그는 떠났다.
④-2 결국은 그가 떠났다.

한 가지 주의할 점이 있다. 조사의 중첩은 될 수 있으면 피하자는 것이지, 중첩해서는 안 된다는 것이 아니다. 의미를 정확히 전달해야 할 때에는 필요한 조사를 다 넣어야 한다. '그는 학교에 가기는 했다'는 오히려 '는'의 겹침이 자연스러워 보이기까지 한다. 조사의 중첩은 단순히 음의 간섭 측면에서 바라본 것이다. 의미를 해치면서까지 음의 간섭을 피하려 할 것은 아니다.

더 알아보기

- 이 방법은 이산화탄소를 발생시키므로 도시의 공기는 오염되기 쉽다.
→ 이 방법은 이산화탄소를 발생시키므로 도시의 공기가 오염되기 쉽다.
→ 이 방법은 이산화탄소를 발생시키므로 도시의 공기를 오염시키기 쉽다.

- 꽃은 종류에 따라 생김새는 다양하지만, 하는 일은 비슷하다.
→ 꽃은 종류에 따라 생김새가 다양하지만, 하는 일은 비슷하다.

'을/를'이 연이어지면(1)

> • 아파트 분양을 완료를 했다.

읽기 쉬운 글이 되려면 익숙한 표현을 사용해야 한다. 목적어가 들어간 문장으로서 우리에게 익숙한 표현은 '무엇을 어찌하다'이다. 그런데 원문은 '무엇을 어찌를 하다'라는 형태이다. 문법적으로 그르지는 않지만 익숙함에서는 벗어났다. 더구나 '을(를)'이 연속되기 때문에 빨리 읽으면 혀가 꼬이려고 한다. 같은 음끼리 충돌하는 것이다. 제시문은 '아파트 분양을 완료했다'로 하면 간결하고, 혀 꼬임도 사라진다. 아래 예들도 이와 비슷한 유형이다.

① 그 학생을 표창을 했다.
☞ 그 학생을 표창했다.

② 사회 현상을 올바르게 평가를 해야 한다.
☞ 사회 현상을 올바르게 평가해야 한다.

③ 사회는 개별 집단 간 상호 작용을 하면서 발전을 해 나간다.
☞ 사회는 개별 집단 간 상호 작용을 하면서 발전해 나간다.

'을/를'이 연이어지면(2)

> ㉠ 길에서 돈을 만원을 주웠다.
> ㉡ 그가 두 사람을 짝을 맺어 주었다.

두 문장 모두 목적어 두 개가 서술어 하나를 공유한 형태이다. 이는 우리 언어의 특성이기도 하다. 예컨대 '차를 너무 비싼 것을 샀다'라는 문장은 중출되는 목적어가 일종의 강조 기능을 하기도 한다. 그렇더라도 제시문은 이웃해 있는 '을(를)'끼리 음의 간섭을 일으키는 문제가 생긴다. 그래서 다음처럼 표현하고 싶어지는 것이다.

㉠-1 길에서 {만 원을/돈 만 원을} 주웠다.

㉡-1 그가 두 사람을 짝으로 맺어 주었다.
㉡-2 그가 두 사람을 짝지어 주었다.
㉡-3 그가 두 사람을 (서로) 맺어 주었다.

한편, 목적어 두 개가 자신의 서술어를 따로따로 거느리고 있어도 목적어끼리 붙어 있으면 상호 간섭을 일으킨다. 이 경우에는 목적어와 서술어 쌍끼리 가까이 두어 서로 짝을 이루도록 한다.

- 학교에서는 그 학생을 이웃 사랑을 몸소 실천했다는 이유로 표창했다.
☞ 학교에서는 이웃 사랑을 몸소 실천했다는 이유로 그 학생을 표창했다.
☞ 학교에서는 그 학생에게 이웃 사랑을 몸소 실천했다는 이유로 표창장을 수여했다.

 더 알아보기

- 우리는 연간 100대를 판매를 목표로 하고 있다.
→ 우리는 연간 100대 판매를 목표로 하고 있다.

- 대출 금리를 최대 5% 할인 혜택을 주고 있다.
→ 대출 금리를 최대 5% 할인해 주고 있다.
→ 대출 금리를 최대 5% 할인하는 혜택을 주고 있다.

- 그들은 이 사업을 우선 2가구를 대상으로 실시한다.
→ 그들은 이 사업을 우선 2가구에 적용하여 실시한다.
→ 그들은 우선 2가구를 대상으로 이 사업을 실시한다.

045

'을/를'이 연이어지면(3)

㉠ 책을 읽는 것을 생활화하자.
㉡ 그는 컴퓨터를 고치는 일을 업으로 삼고 있다.

'목적어 + 서술어'로 된 절이 목적어를 수식하는 구조이다. 문법적으로 인정되는 표현이지만 이 역시 목적어 간에 음의 간섭을 일으키는 것이 문제다. 다만 목적어끼리 바짝 붙어 있는 것과 비교하면 간섭의 정도가 약하다고 할 수 있다. 그래도 다음처럼 바꾸면 깔끔해진다.

☞ ㉠ – 1 책 읽는 것을 생활화하자.
☞ ㉠ – 2 책 읽기를 생활화하자.

☞ ㉡ – 1 그는 컴퓨터 고치는 일을 업으로 삼고 있다.
☞ ㉡ – 2 그는 컴퓨터 수리를 업으로 삼고 있다.

이와 달리 2목적어 1서술어 구조인데 두 개의 목적어 중 하나는 자신의 서술어를 갖지 못하는 경우도 있다.

• 그들은 판매 대상을 젊은 층에 초점을 맞추었다.

이 문장은 선행 목적어 '대상을'이 자신의 서술어 짝을 갖지 못했다. 이는 매우 불안정한 구조이다. 안정되게 하려면 1목적어 1서술어 또는 2목적어 2서술어 구조로 만들어야 한다.

☞ 그들은 젊은 층을 주된 판매 대상으로 삼았다. (1목적어 1서술어)
☞ 그들은 판매 대상을 젊은 층 위주로 정하였다. (1목적어 1서술어)
☞ 그들은 젊은 층에 초점을 맞추어 판매 대상을 정하였다. (2목적어 2서술어)

'의'가 연이어지면

• 한국산 제품의 중국시장 내에서의 위상을 높이는 전략이 필요하다.

관형격 조사 '의'가 잇따라 나온다. 이중 관형어에 의한 계단식 꾸밈 형태인데, 이는 우리말답지 않은 표현이다. '북한의 주민들의 삶', '교육의 세계화의 과제', '우리의 위상의 변화' 등이 그러한 예이다. 하지만 대안을 찾기 쉽지 않은 경우도 많다. '북한의 주민들의 삶'은 '북한 주민들의 삶'으로 바꾸면 되지만, '교육의 세계화의 과제'는 '교육 세계화의 과제'나 '교육의 세계화 과제'로 줄이기가 어렵고, '교육을 세계화하는 과제' 등으로 풀어 쓰면 글맛이 떨어지는 느낌이 든다. 또 '우리의 최소한의 요구'와 같은 형태는 그다지 어색해 보이지 않기도 하다. 어쨌든 원문은 다음과 같은 대안을 생각해 볼 수 있다.

☞ 한국산 제품의 중국 시장 내 위상을 높이는 전략이 필요하다.
☞ 한국산 제품이 중국 시장 내에서 갖는 위상을 높이는 전략이 필요하다.

다만 두 번째 수정문도 '갖는 … 높이는 … '이 관형형 중복 현상을 빚으므로 그다지 바람직한 표현은 아니다.

047
'(으)로'가 연이어지면

- 그는 기어가는 자세로 밖으로 나왔다.

 '… (으)로 … (으)로 나왔다'의 형태로서, 두 '(으)로'가 '나왔다'를 동시에 수식한다. 문법적으로 아무 문제가 없지만 '(으)로'가 연이어지면서 음의 간섭을 일으키는 것이 꺼림칙하다. 다음 문장이 더 부드럽게 읽힌다.

 ☞ 철수가 기어가듯 밖으로 나갔다.

 더 알아보기

- 철수가 그동안 감기로 고생한 것으로 알려졌다.
- → 철수가 그동안 감기 때문에 고생한 것으로 알려졌다.

- 그 말은 거짓으로, 절대로 믿어서는 안 된다.
- → 그 말은 거짓으로, 절대 믿어서는 안 된다.

'도'가 연이어지면

- 우리도 어느 편도 들지 않았다.

보조사 '도'는 관형사를 제외한 각 품사에 두루 붙어 여러 격으로 쓰인다. 그 때문에 문장 내에서 격을 달리하여 연속으로 사용되는 수가 있다. 예컨대 제시문의 경우 '우리도'는 주어, '어느 편도'는 목적어로 사용되었다. 각자 나름의 역할이 있기는 하지만, 문장 전체로 보면 같은 조사의 중출이 글의 흐름을 방해하는 측면도 있다.

☞ 우리는 어느 편도 들지 않았다.
☞ 우리도 어느 편을 들지 않았다.
☞ 우리 역시 어느 편도 들지 않았다.

'도'의 중첩을 피하기 위해 이처럼 바꾸어 보았다. 하지만 앞의 두 문장은 원문의 뜻을 살렸다고 보기 어렵다. 세 번째 문장을 추천할 만하다.

- 그 여자도 가끔 자식이 생각나면 몰래 눈물을 짓기도 했다.

☞ 그 여자도 가끔 자식이 생각나면 몰래 눈물을 짓곤 했다.

☞ 그 여자도 가끔 자식이 생각나면 몰래 눈물을 지었다.

   '눈물을 짓기도 했다'라는 말은 눈물을 지은 적이 있다는 뜻이다. 이를 첫 번째 수정문처럼 '눈물을 짓곤 했다'로 바꾸면 의미를 훼손하지 않으면서 '도'의 연속 출현을 피할 수 있다. 두 번째 수정문처럼 '눈물을 지었다'로 바꾸면 원문의 뜻을 제대로 반영하지 못하는 면이 있지만, 문장 내의 '가끔'이란 표현이 이를 커버해 주므로 무리는 없어 보인다.

 ## 더 알아보기

- 오늘 아침에도 독서도 하고 음악 감상도 했어요.
→ 오늘 아침에도 독서와 음악 감상을 했어요.

- 나도 거기에 가끔 가기도 했다.
→ 나도 거기에 가끔 간 적이 있다.
→ 나도 거기에 가끔 가 보았다.

- 이번 말고도 과거에도 실패한 적이 있다.
→ 이번 말고도 과거에 실패한 적이 있다.

049

보조사 '은/는'의 쓰임

… '요즘'과 '요즘은'

> ㉠ 요즘 요리 프로그램이 대세이다.
> ㉡ 요즘은 요리 프로그램이 대세이다.

가끔 문장의 맨 앞에 놓이는 단어에 조사 '은/는'을 붙일 것인지 말 것인지 망설여질 때가 있다. '어제 비가 내렸어'와 '어제는 비가 내렸어' 중에서 어느 게 좋은지 판단하기 쉽지 않은 것이다. 흔히 조사 '은/는'은 자신을 품은 명사를 그 문장의 주어로 만든다고 생각하기 쉽지만, 이 문장에서 '어제는'은 주어가 아니다. 부사어로서 '어제'라는 말을 한정한다. 즉 '다른 때와 달리 어제는'이라는 뜻을 지닌다.

제시문 ㉡의 '요즘은'도 마찬가지로 '과거와 달리 요즘은 … ', '과거와 비교했을 때 요즘은 … ' 등의 뜻을 지닌다.

① - 1 요즘 먹고 살 만합니까?
① - 2 요즘은 먹고 살 만합니까?

② - 1 요새 왜 공부 안 하니?
② - 2 요새는 왜 공부 안 하니?

‘은/는’을 넣느냐 마느냐가 상대의 기분을 좌우할 수도 있다. ①이 그러한 예이다. ① - 1은 단순히 요즘 사는 게 어떠냐고 묻는 반면 ① - 2는 ‘과거에는 먹고 살기 어려웠는데 요즘은 어떠냐’라는 뜻으로 묻는다. ② - 1도 단순히 요즘 공부 안 하는 이유를 묻는 것이고, ② - 2는 예전엔 공부를 했는데 요즘은 안 한다는 점을 지적한 것이다.

그렇다면 이제 제시문 ㉠을 살펴보자. 사실 이 문장은 매우 어색하다. ‘요즘’은 일반적으로 ‘요즘 어떻다’, ‘요즘 어찌한다’ 등처럼 용언형 서술어와 어울리는데, 이 문장의 서술어 ‘대세이다’는 ‘체언 + 이다’ 형이기 때문이다. 그러므로 ‘요즘’을 살려 쓰려면 서술어를 용언형으로 만들어 준다. ‘요즘 요리 프로그램이 대세로 떠오르고 있다’나 ‘요즘 요리 프로그램이 대세로 자리 잡고 있다’ 등으로 표현하는 것이다. 참고로 ㉡의 ‘요즘은’은 주제어로서 문장 전체를 꾸미기 때문에 서술어가 어떤 형태이든 상관없다.

050

조사 간의 결합

… '까지', '에까지', '까지도'의 선택 기준

- 제조업 부진이 서비스업까지 영향을 미쳤다.

'까지'는 여러 격에 두루 붙는, 일종의 만능 조사이다. '너까지 왜 그래?'에서는 주격, '나까지 왜 끌어들여?'에서는 목적격, '어디까지 갔니?'에서는 장소를 뜻하는 부사격으로 쓰였다. 이 같은 만능 조사로는 '까지' 외에도 '은/는', '도', '조차', '부터', '마다' 등이 있으며 이들을 일컬어 보조사라고 한다.

보조사는 여러 격에 두루 쓰이기 때문에 간혹 어떤 격으로 쓰였는지 헷갈릴 때도 있다. 격이 헷갈리면 의미를 파악하기 어렵다. 바로 위의 예문이 그러하다. 이 문장의 뒷부분은 '서비스업에 영향을 미쳤다'라는 뜻이다. 즉 '까지'가 부사격으로 쓰였으며, 장소를 뜻하는 '에'의 의미 기능을 일부 담당하고 있다. 하지만 반드시 그렇게만 읽히는 것은 아니다. '서비스업이 (어떤) 영향을 미쳤다'나 '서비스업을 (어찌하도록) 영향을 미쳤다' 등처럼 주격이나 목적격으로 해석될 소지도 있다. 다만 그런 식으로도 해석했다가 글의 의도를 파악하고 그 의도에 맞는 뜻으로 해석할 뿐이다. 따라서 처음부터 의도를 분명히 밝히기 위해서는 장소를 나타내는 부사격조사 '에'를 덧붙이는 게 좋다.

☞ 제조업 부진이 서비스업에까지 영향을 미쳤다.

참고로 우리말은 조사를 둘 이상 붙여 쓸 수 있다. '까지'에 붙는 조사를 살펴보면 '까지가/까지를/에까지/에서까지' 등으로 실현된다. 그리고 조사 간의 결합에는 일정한 순서가 있어서, 앞의 예에서 보듯 주격, 목적격 조사는 다른 조사의 뒤에 오고, 부사격 조사 '에/에서'는 다른 조사의 앞에 온다. 그러므로 조사가 붙어 있는 것을 껄끄럽게 생각할 필요는 없다.

다만 조사를 두 개 이상 붙여 쓸 것인지 하나만 쓸 것인지 선택하는 문제는 남는다.

① - 1 여기까지 우리 땅이다.
① - 2 여기까지가 우리 땅이다.

① - 1보다는 ① - 2가 더 선호된다. ① - 2는 주격조사 '가'가 덧붙음으로써 앞말이 주어임을 확실히 짚어주고 있다.

② - 1 나까지 합격이래.
② - 2 나까지가 합격이래.

② - 1과 ② - 2는 의미가 약간 다르다. ② - 1은 단순히 '나도 합격'이라는 뜻이고 ② - 2는 '나'가 마지막 합격자라는 뜻이다.

③ - 1 너까지 나를 무시하는구나.
③ - 2 너까지도 나를 무시하는구나.

이 경우엔 '까지'와 '까지도'의 의미 차이를 구분하기가 쉽지 않다. 따라서 간결한 쪽을 택하는 게 좋아 보인다. 그렇다고 '까지도'의 경우 '도'를 무조건 없앨 일은 아니다. '그때까지도 안 온다면 가만있지 않겠다'의 경우 '도'가 지닌 강조의 의미를 살리는 게 좋다.

그렇다고 '어디까지 갔니?'를 '어디에까지 갔니?'로 쓸 필요는 없다. 이때의 '에'는 사족이다.

051 ♣ '-고'와 '-며'의 구별⑴

052 ♣ '-고'와 '-며'의 구별⑵

053 ♣ '-고'와 '-며'의 구별⑶

054 ♣ '-라고'와 '-라며'의 구별

055 ♣ '-며'와 '-면서'의 구별

056 ♣ '-며'를 잘못 사용한 경우

057 ♣ 앞뒤 절의 주어를 같게 하는 '-아(어)서'

058 ♣ 앞뒤 절의 주어를 같게 하는 '-려다', '-려고'

059 ♣ 앞뒤 절의 주어를 같게 하는 '-고도'

060 ♣ 앞뒤 절의 주어를 같게 하는 '-다가'

061 ♣ 앞뒤 절의 주어를 다르게 하는 '-니'

062 ♣ 문장 끝까지 영향을 미치는 '-니', '-더니'

063 ♣ 요즘 방송을 보면 요리가 대세다?

064 ♣ 추우려고, 예쁘려고, 빠르려고

065 ♣ 죽 쑤어서 개가 먹었다?

066 ♣ '-지 모르다'와 '줄 모르다'

067 ♣ 연결어미 '-(하)자'와 뒷말 간의 호응 관계

068 ♣ 부정문과 못 어울리는 '-도록'

069 ♣ 동사와만 어울리는 '-려면'

070 ♣ 같은 연결어미가 연이어지면

연결어미의
쓰임

051

'-고'와 '-며'의 구별(1)

> ㉠ 이것은 사과이고, 저것은 배다.
> ㉡ 이것은 사과이며, 저것은 배다.

어떤 행위나 상태를 나열할 때는 연결어미 '-고'나 '-며'가 쓰인다. 둘 중 어느 것을 써도 의미상 차이는 없다. 즉 ㉠과 ㉡을 같은 표현으로 간주한다. 하지만 선호도 차이는 있어서 사람들은 ㉡보다 ㉠을 더 많이 쓴다. 그렇다면 어느 때 '-고'를 더 선호하는가.

① 철수는 공부를 하고, 영희는 피아노를 친다.
② 서울엔 사람이 많고, 제주엔 비가 많다.

①, ②는 각각 두 가지 사실이 대등적인 관계로 연결된 문장이다. 이 경우에는 '-고'를 사용하는 게 좋다.

③ 청소년의 음주 장면을 묘사해서는 안 되며, 폭음 등 부적절한 음주 행위를 묘사하는 것도 삼가야 한다.
④ 이 병은 특별한 증상이 없으며, 종합 검진에서 우연히 발견되는

경우가 많다.

③, ④는 앞뒤 절이 대등적이지 않다. 내용 면에서도 화제가 일단 끊긴 뒤 다른 화제로 옮겨 간다. 이 경우에는 '-며'를 사용하는 게 좋다.

⑤ 그는 서울에서 대학을 나왔고, 부산에서 취직을 했다.
⑥ 그는 서울에서 대학을 나왔으며, 부산과는 별다른 인연을 맺지 않았다.

⑤는 성격이 비슷한 두 가지 내용이 같은 무게로 대등하게 연결되었다. 이 경우에는 '-고'를 사용한다. ⑥은 화제가 한쪽에서 다른 쪽으로 이동했다. 즉 의미상 대등 관계가 아니다. 이 경우에는 '-며'를 사용한다.

더 알아보기

- 여름엔 비가 많이 내리며, 겨울엔 눈이 많이 내린다.
→ 여름엔 비가 많이 내리고, 겨울엔 눈이 많이 내린다.

- 그 사건은 우리와 무관하고, 우리는 그 사건에 전혀 책임이 없습니다.
→ 그 사건은 우리와 무관하며, 우리는 그 사건에 전혀 책임이 없습니다.

052

'-고'와 '-며'의 구별(2)

> • 그들은 때로는 울부짖으며, 때로는 멍하니 검은 바다만 응시하고 있었다.

어떤 행위가 연속으로 이어질 때는 '-고'나 '-며'를 쓰는데, 이 경우 둘의 쓰임은 다르다. '-고'는 앞 동작이 있고 나서 다음 동작이 있을 때 쓰고, '-며'는 앞뒤 동작이 동시에 이루어질 때 쓴다.

① 그는 때로는 웃고, 때로는 울었다.
② 그는 때로는 웃으며, 때로는 울었다.

①의 '웃고 울었다'는 가능하지만 ②의 '웃으며 울었다'는 불가능하다. ②가 불가능한 것은, '-며'가 동시적인 상황을 나타내는 말이어서 '때로는'과 어울리지 못하기 때문이다. 그러므로 제시문은 다음처럼 '-고'를 써야 한다.

☞ 그들은 때로는 울부짖고, 때로는 멍하니 검은 바다만 응시했다.

논점을 약간 비껴가자면, 그렇다고 이 상황에서 '-며'를 전혀 사용할 수 없는 것은 아니다.

③ 그는 때로는 웃으며, 때로는 울며 말했다.

이처럼 '-며'를 반복하여 사용하는 방법이 있다. 제시문도 다음처럼 하면 된다.

☞ 그들은 때로는 울부짖으며, 때로는 멍하니 검은 바다만 응시하며 자리를 지키고 있었다.

053

'-고'와 '-며'의 구별(3)

• 한때 대기업에서 근무했<u>으며</u> 지금은 기업체를 운영하고 있는 김철수씨.

'A하고 B하는 C'는 자연스럽고, 'A하며 B하는 C'는 부자연스럽다. 따라서 원문의 '근무했으며'는 '근무했고'로 바꾸는 게 좋다. 그 이유를 알아보자.

① 그 집은 남편은 친절하고 아내는 상냥한 편이다.
② 그 집은 남편은 친절하며 아내는 상냥한 편이다.

①과 ②는 얼핏 의미가 같은 듯하지만, 미세한 차이가 있다. ①은 '남편은 친절한 편이다. 그리고 아내는 상냥한 편이다'라는 뜻으로 읽힌다. 즉 '친절하다'와 '상냥하다'가 '편이다'를 동시에 꾸민다.

반면 ②는 '친절하며' 뒤에 쉼표가 있어서 한번 쉬어 읽게 하는 느낌을 준다. 그래서 '남편은 친절하다, 그리고 여자는 상냥한 편이다'라는 뜻으로 읽힌다. 즉 '남편은 친절하다'고 단정하는 것이다.

이렇게 해석되는 이유는 앞 절에서 설명했듯이 '-며'가 화제의 이동을 나타낼 때 쓰이는 말이기 때문이다. 따라서 '-고'보다는 '-며'가 더 강한 휴지 기능을 한다. 실제로 한 문장에 '-고'와 '-며'가 같이 쓰였을 때, 둘 중 한 군데에만 쉼표를 넣는다면 '-며' 뒤에 넣는 게 좋다.

③-1 철수는 공부를 잘하며, 운동도 잘하고 노는 것도 잘한다.
③-2 철수는 공부를 잘하며 운동도 잘하고, 노는 것도 잘한다.
③-3 철수는 공부를 잘하고, 운동도 잘하며 노는 것도 잘한다.
③-4 철수는 공부를 잘하고 운동도 잘하며, 노는 것도 잘한다.

③-2와 ③-3이 상대적으로 어색해 보이는 것은 '-며'가 더 독립적인 의미 단위, 더 큰 의미 단위를 잇는 말이므로 이곳에 쉼표를 넣어야 하는데 이를 무시하고 '-고' 뒤에 쉼표를 넣었기 때문이다.

우리가 '오며 가는 정'이나 '높으며 낮은 산봉우리'라는 표현을 버리고 '오고 가는 정'이나 '높고 낮은 산봉우리'를 택하는 것도 이런 이유 때문이다.

 더 알아보기

• 공부도 잘하며 운동도 잘하는 사람은 많지 않다.
→ 공부도 잘하고 운동도 잘하는 사람은 많지 않다.

• 명문대를 나왔으며 좋은 직장에 다니는 청년을 사위로 삼았다.
→ 명문대를 나오고 좋은 직장에 다니는 청년을 사위로 삼았다.

054
'-라고'와 '-라며'의 구별

• 증인은 보복이 두려워 아무것도 모른다며 발뺌했다.

인용문 뒤에 붙는 '-라고'와 '-라며'는 쓰임이 다르다. '-라며'는 '-라고 (말)하며'의 준말이다. 즉 '-라고'는 인용된 사실을 그대로 전할 때 쓰고, '-라며'는 인용된 사실과 더불어 다른 행동을 한 사실을 전할 때 쓴다.

① - 1 "예쁘다"라며 말했다.
① - 2 "예쁘다"라고 말했다.

② - 1 "예쁘다"라고 쓰다듬었다.
② - 2 "예쁘다"라며 쓰다듬었다.

③ - 1 "잘했다"라며 칭찬했다.
③ - 2 "잘했다"라고 칭찬했다.

'-라며'가 '-라고 말하며'의 준말이므로 ① - 1은 ["예쁘다"라고 말하며 말했다]로 해석된다. '말하며 말했다'는 어불성설이므로 이 경우에는 ① - 2처럼 표현해야 한다. 한편 ' - 라고'는 '말하다' 류의 말과 결합하여 ' - 라고 말하다', ' - 라고 밝히다', ' - 라고 설명하다', ' - 라고 언급하다' 등으로 실현된다. ② - 1이 어색한 이유는 '쓰다듬다'가 '말하다' 류가 아니기 때문이다.

③ - 1이 어색한 이유는 '칭찬하다'가 '말하다' 류이기 때문이다. 곧 '잘했다고 말하다=칭찬하다'의 관계가 성립된다.

제시문에서 '발뺌하다'는 '책임을 회피하는 말을 하다'라는 의미이므로 '말하다' 류에 속한다. 따라서 '모른다며 발뺌하다'보다는 '모른다고 발뺌하다'가 더 적절한 표현이다.

055
'-며'와 '-면서'의 구별

> • 찬바람이 불며 매미 소리가 사라졌다.

'-며'와 '-면서'는 쓰임이 같을 때도 있고 다를 때도 있다. 쓰임이 같을 때는 앞뒤 말이 동시성을 나타낼 때이다.

① 비가 {오며/오면서} 바람이 분다.
② 식사를 {하며/하면서} 대화를 나눈다.

①은 비가 오는 상황과 바람이 부는 상황이 동시에 일어남을 뜻하고, ②는 식사를 하는 행위와 대화를 나누는 행위가 동시에 일어남을 뜻한다. 이 경우에는 '-며'와 '-면서'가 같은 기능을 하기 때문에 서로 바꾸어 쓸 수 있다.

그런데 '-면서'는 '동시'의 의미 외에 '… 하자' 또는 '… 함에 따라'라는 의미를 가질 때도 있다.

③ 봄이 오면서 만물이 기지개를 켠다.(오면서=오자, 옴에 따라)
④ 경기가 좋아지면서 음식점들이 활기를 되찾았다.(좋아지면서=좋아

지자, 좋아짐에 따라)

　하지만 '-며'는 이런 의미로 쓰이지 않으므로 ③, ④에 쓰인 '-면서'를 '-며'로 바꾸기 어렵다. 위의 제시문도 '찬바람이 불자 매미 소리가 사라졌다'라는 의미이므로 '불며' 대신 '불면서'를 쓰는 게 더 적절하다.

　한편, 이때의 '-면서'가 나타내는 시점도 '-며'와 다르다. 앞서 언급했듯이 '-며'는 앞의 상황과 뒤의 상황이 동시에 일어날 때 쓰인다. 즉 완전한 동시성을 보인다. 하지만 '-면서'는 앞의 상황이 이루어지고 나서 그 상황이 계속 진행되는 가운데 뒤의 상황이 일어남을 나타낸다. 즉 부분적인 동시성을 보인다. 예컨대 ③의 경우 봄이 온 뒤 그 봄이 계속되는 상황에서 만물이 기지개를 켠다는 뜻이다. ④도 경기가 좋아진 뒤 그 경기가 계속되는 상황에서 음식점들이 활기를 찾았다는 뜻이다.

　흥미로운 점은 '-며'로 이어지는 문장의 경우 앞 문장의 주어가 사람이나 동물이면 그 주어가 뒤 문장의 주어 노릇까지 한다는 것이다. 즉 주어 동일성을 지닌다. '철수가 웃으며 간다'가 그러한 예인데, 만약 '철수가 웃으며 영희가 간다'처럼 앞뒤 문장의 주어를 다르게 하면 바른 문장이 될 수 없다. 이 점을 염두에 두고 다음 문장을 살펴보자.

　⑤ 영희가 집을 나서며 갑자기 비가 쏟아졌다.
　⑥ 일본이 프랑스를 꺾으며 8강 진출국을 점치기가 더욱 어렵게 되었다.

　⑤는 문두의 주어가 사람이고, 앞뒤 말이 '-며'로 이어졌으므로 주어

동일성을 요한다. 그런데 이를 무시하고 앞뒤 절의 주어를 다르게 한 것이다. 해법은 간단하다 '-며'를 주어 동일성에 구애받지 않는 '-면서'로 바꾸면 된다. ⑥은 주어인 '일본'이 사람이나 동물은 아니지만 서술어 '꺾다'와 어울리므로 인성이 부여된 것으로 볼 수 있다. 따라서 ⑤와 같은 문형에 속하므로 이 경우에도 '-며'를 '-면서'로 바꾸어 준다.

 더 알아보기

- 평균 수명이 늘며 실버 산업이 발전하고 있다.
→ 평균 수명이 늘면서 실버 산업이 발전하고 있다.

- 북극의 눈과 얼음이 점점 녹으며 동물들이 살 곳도 점점 사라지고 있다.
→ 북극의 눈과 얼음이 점점 녹으면서 동물들이 살 곳도 점점 사라지고 있다.

- 모바일 뱅킹이 일상 속에 자리 잡으며 은행 점포의 트렌드가 변화하고 있다.
→ 모바일 뱅킹이 일상 속에 자리 잡으면서 은행 점포의 트렌드가 변화하고 있다.

056

'-며'를 잘못 사용한 경우

• 사람은 누구나 혼자 살 수 없으며 다른 사람과 어울려 살아가야
  한다.

'-며'는 앞뒤 말을 나열할 때 쓰는 연결어미이다. 나열의 기본 속성
은 앞뒤 말의 대등성에 있다. 즉 앞말이 동사형이면 뒷말도 동사형, 앞
말이 형용사형이면 뒷말도 형용사형이어야 구성이 탄탄하다. 예컨대
'그는 시를 잘 쓰며 교수이다'라는 문장은 동사형과 '체언 + 이다' 형의
조합이므로 어색하게 느껴진다.

제시문 역시 부정문과 긍정문의 결합이어서 '-며'로 연결하기가 어
렵다. 이럴 땐 두 문장으로 나누는 게 좋다,

☞ 사람은 누구나 혼자 살 수 없다. 반드시 다른 사람과 어울려 살아
   가야 한다.

 더 알아보기

- 그 음식점은 맛의 원조로 불리며 많은 사람들이 찾고 있다.
→ 그 음식점은 맛의 원조로 불리며 많은 사람들의 사랑을 받고 있다.

- 지금 우리에게 절실한 것은 자유이며 빵이 필요하지 않다.
→ 지금 우리에게 절실한 것은 빵이 아니라 자유이다.

- 작년 매출은 1년 전에 비해 5% 감소하며 2000년 이후 가장 낮은 수치다.
→ 작년 매출은 1년 전에 비해 5% 감소하며 2000년 이후 가장 낮은 수치를 보였다.

057

앞뒤 절의 주어를 같게 하는 '-아(어)서'

> • 선진국에서는 이론보다 실습에 초점을 맞추어서 교육이 이루어
> 진다.

이 문장은 '(누가) 어디에 초점을 맞추어서 무엇이 어찌 되다'의 형태
이다. 앞뒤 절의 주어가 다르다. 그런데 '맞추어서'의 '- 어서'는 앞뒤
절의 주어가 같을 때 쓰는 말이다.

① 철수가 편지를 써서 부쳤다.
② 철수가 편지를 써서 영희가 부쳤다.

②에서 보듯 앞뒤 절의 주어가 다르면 어색한 문장이 된다. 원문도
'맞추어서'의 '어서'가 이와 같은 용법으로 쓰였으므로 뒤 절에 따로 주
어를 내세우기 어렵다. 다만 이 문장은 앞 절의 주어가 생략되었기 때
문에 중간에 주어가 바뀌었다는 것을 잘 느끼지 못할 수 있다. 이 때문
에 어색함의 정도가 다소 희석되기는 한다. 그렇기는 해도 다음처럼 주
어를 동일하게 가져가면 글이 훨씬 더 부드럽게 읽힌다.

☞ 선진국에서는 이론보다 실습에 초점을 맞추어서 교육을 한다.

☞ 선진국에서는 이론보다 실습에 초점을 맞춘 교육을 한다.

☞ 선진국에서는 이론보다 실습에 초점을 맞춘 교육이 이루어진다.

한편 '-아(어)서'로 이어지는 앞뒤 절의 주어가 다를 수도 있다. '유리창이 깨져서 교실이 엉망이 되었다', '길이 좁아서 차가 지나갈 수 없다' 등이 그러한 예이다. 이때 앞 절의 내용은 뒤 절의 이유를 나타낸다. 앞에서 다룬 '-아(어)서'는 주어의 행위가 시간의 선후로 이어짐을 나타내므로 이때의 '-아(어)서'와는 성격이 다르다.

 더 알아보기

- 그 대학에서는 학생들이 졸업하기도 전에 삼삼오오 팀을 이루어서 창업이 이루어진다.
→ 그 대학에서는 학생들이 졸업하기도 전에 삼삼오오 팀을 이루어서 창업을 한다.

- 그 회사가 버틸 수 있었던 것은 끊임없이 신기술을 개발해서 시중에 새 제품이 속속 출하됐기 때문이다.
→그 회사가 버틸 수 있었던 것은 끊임없이 신기술을 개발해서 시중에 새 제품을 속속 출하했기 때문이다.

058

앞뒤 절의 주어를 같게 하는 '-려다', '-려고'

> • 회사의 비리를 폭로하려다 사람들이 만류했다.

연결어미 '-(하)려다'는 앞뒤 절의 주어가 같을 때 쓴다. '철수가 울려다 영희가 웃었다'라는 문장이 성립되지 않는 것은 앞뒤 절의 주어가 다르기 때문이다. '-(하)려고'도 마찬가지여서 '철수가 물을 먹으려고 영희가 도와주었다' 식의 표현은 성립되지 않는다.

① 회사의 비리를 폭로하려는데 주변 사람들이 만류했다. (주어를 달리한 경우)

② 회사의 비리를 폭로하려다 주변 사람들이 만류해서 못했다. (주어를 같게 한 경우)

두 가지 처방법을 생각할 수 있다. 하나는 ①처럼 앞뒤 절의 주어가 달라도 되는 말(연결어미)인 '-ㄴ데'를 사용하는 것이다. 다른 하나는 ②처럼 뒤 절의 서술어가 앞 절의 주어와 호응되도록 하는 것이다. 참고로 원문의 주어는 생략되었는데 생략된 주어는 '그가' 정도라고 할 수 있겠다.

　한편, 예외적으로 ' - (하)려다' 뒤에 다른 주어가 나오는 경우도 있기는 하다. 예컨대 '철수가 (그 일을) 하려다 영희가 했다'는 가능하다. 앞뒤 절의 서술어가 같을 때는 주어가 달라질 수 있다.

 더 알아보기

- 빈대 잡으려다 초가삼간(이) 다 타겠다.
→ 빈대 잡으려다 초가삼간(을) 다 태우겠다.

- 강력 접착제를 만들려다 포스트잇이 만들어졌다.
→ 강력 접착제를 만들려다 포스트잇을 만들었다.
→ 강력 접착제를 만들려 했는데 포스트잇이 만들어졌다.
→ 강력 접착제를 만드는 과정에서 포스트잇이 만들어졌다.

059

앞뒤 절의 주어를 같게 하는 '-고도'

> • 정부는 이 사건을 외면했다. 관련자들을 기소해 놓고도 얼마 뒤에
> 혐의 없음으로 다 풀려났다.

연결어미 '-(하)고도'는 주어가 어떤 행위를 한 뒤에 추가적인 행위를 하거나 그와 상반된 행위를 할 때 쓴다. 그러므로 이 말이 들어간 문장은 하나의 주어가 문장 전체를 이끄는 형태를 띠게 된다. 곧 앞뒤 절의 주어가 다르면 문장이 성립되기 어렵다.

제시문의 두 번째 문장은 뼈대를 추리면 '정부가 기소해 놓고도 관련자가 풀려났다'가 된다. 앞뒤 절이 '-(하)고도'로 연결됐음에도 두 절의 주어가 다른 것이다.

☞ (정부가) 관련자들을 기소해 놓고도 얼마 뒤에 혐의 없음으로 풀려
나도록 (정부가) 수수방관했다.

- 그 음식점은 손님이 주문하지 않고도 음식이 나온다.
→ 그 음식점은 손님이 주문하지 않아도 음식이 나온다.

- 그는 싹싹 빌고도 친구가 용서하지 않았다.
→ 그는 싹싹 빌고도 친구의 용서를 얻지 못했다.

- 아이가 1등을 하고도 엄마 마음이 개운치 않은 것은 무엇 때문일까.
→ 아이가 1등을 했어도 엄마 마음이 개운치 않은 것은 무엇 때문일까.

060

앞뒤 절의 주어를 같게 하는 '-다가'

• 나는 가끔 글을 쓰다가 문득 독자들이 내 의도를 오해할 수도 있겠다는 생각이 들곤 한다.

앞뒤 문장이 '-(하)다가'로 이어져 있다. 이처럼 '-(하)다가'가 쓰인 문장은 기본적으로 'X가 A하다가 B하다'의 형태를 띤다. 즉 앞뒤 문장의 주어가 동일하다. 제시문은 뼈대만 추리면 '나는 글을 쓰다가 어떤 생각이 든다'가 된다. 즉 'X가 A하다가 Y가 B하다'의 형태로서 앞뒤 문장의 주어가 동일하지 않다. 만약 '-다가'를 살리고 싶다면 아래의 ① 처럼 단일 주어 형태로 만든다. 또 앞뒤 문장의 주어를 달리 하고 싶다면 ②처럼 '-다가'를 다른 표현으로 대체한다.

① 나는 가끔 글을 쓰다가 독자들이 내 의도를 오해할 수도 있겠다는 생각을 하곤 한다.
② 나는 가끔 글을 쓸 때 문득 독자들이 내 의도를 오해할 수도 있겠다는 생각이 들곤 한다.

- 인터넷에서 내려받은 프로그램을 실행하다가 관련 데이터가 지워졌다.
→ 인터넷에서 내려받은 프로그램을 실행하다가 관련 데이터를 지웠다.

- 밥을 지으려다 떡이 됐다.
→ 밥을 지으려던 것이 떡이 됐다.

앞뒤 절의 주어를 다르게 하는 '-니'

> • 주인에게 연락을 해 보니 이미 팔렸다는 대답만 들었다.

앞에서는 앞뒤 절의 주어를 같게 하는 연결어미에 대해 알아보았다. 이와 반대로 앞뒤 절의 주어를 다르게 하는 연결어미도 있는데, 대표적인 것이 '-니'이다.

> • 내가 쳐다봤더니 모른 체했다.

이 문장은 주어 하나에 술어가 두 개 딸린 형태다. 하지만 문두의 주어가 뒤 절의 술어까지 거느리지는 못한다. '내가 모른 체했다'로 해석되지 않는 것이다. 연결어미 '-니'는 앞뒤 절의 주어가 다를 때 쓴다. 그러므로 만약 '-니'가 들어간 어떤 문장에서 뒤 절에 주어가 없다면 그 주어는 생략되었을 것이라고 판단하게 된다. 따라서 이 문장은 '내가 쳐다봤더니 그가 모른 체했다' 식으로 해석된다.

제시문도 앞뒤 절이 '-니'로써 연결되었으므로 두 절의 주어가 달라야 한다.

☞ (내가) 주인에게 연락을 해 보니 (그 집은) 이미 팔렸다는 것이었다.

(주어를 달리함)

☞ (내가) 주인에게 연락했다가 이미 팔렸다는 대답만 (내가) 들었다.

(연결어미 '–다가'를 써서 주어를 같게 함)

 더 알아보기

• 한국에 와 보니 사람들이 친절하다는 것을 알게 됐다.

→ 한국에 와 보니 사람들이 친절하더라.

→ 한국에 와서야 사람들이 친절하다는 것을 알게 됐다.

• 차량 밑을 보니 바닥에 누워 있는 아이를 발견하여 재빨리 그 아이를 구출했다.

→ 차량 밑을 보니 바닥에 아이가 누워 있어 재빨리 그 아이를 구출했다.

문장 끝까지 영향을 미치는 '-니', '-더니'

- 식당에 갔더니 손님이 많아서 그냥 나왔다.

제시문은 종속절이 두 개인 문장이다. 즉 제1 종속절, 제2 종속절, 그리고 주절로 이루어져 있다. 이런 문장에서는 제1 종속절이 어디까지 이어지는지가 문제가 된다. 이어주는 말, 즉 연결어미의 성격에 따라 제2 종속절에만 이어지는 경우가 있고, 문장 끝에 놓인 주절에까지 이어지는 경우가 있다. 우선 연결어미 '-(아/어)서'로 이어진 문장을 예로 들어 보자.

① 인기척이 나서 나가 보았더니 아무도 없더라.

①에서 '인기척이 나서 나가 보았다'는 연결 관계가 성립되지만 '인기척이 나서 아무도 없더라'는 연결 관계가 성립되지 않는다. 즉 제1 종속절이 제2 종속절에만 영향을 미치고 주절에는 영향을 미치지 않는다. 이로써 연결어미 '-(아/어)서'는 제1 종속절을 제2 종속절까지만 이어준다는 사실을 알 수 있다. 이번에는 연결어미 '-(으)니'의 예를 들어 보자.

② 인기척이 났으니 나가서 누가 있는지 살펴보아라.

②에서는 '인기척이 났으니'가 '살펴보아라'와 잘 연결된다. 즉 연결어미 '-(으)니'는 제1 종속절을 주절에까지 이어준다.

제시문에 쓰인 연결어미 '-더니'도 '-(으)니'와 성격이 비슷하다. 제시문을 약간 변형시킨 다음 문장을 살펴보자.

③ 식당에 갔더니 손님이 많아서 앉을 자리가 없었다.

이 문장은 '식당에 갔더니 앉을 자리가 없었다'에서 알 수 있듯이 제1 종속절과 주절의 이어짐이 매끄럽다. 즉 연결어미 '-더니'는 제1 종속절을 주절에까지 이어준다.

그런데 제시문의 경우 '식당에 갔더니 그냥 나왔다'라는 표현에서 알 수 있듯이 제1 종속절이 주절에 이어지지 않는다. 따라서 '-더니' 대신 '-(으)나', '-다가' 등을 사용해 앞뒤 말이 잘 연결되도록 한다.

☞ 식당에 갔으나 손님이 많아서 그냥 나왔다.
☞ 식당에 갔다가 손님이 많아서 그냥 나왔다.

063

요즘 방송을 보면 요리가 대세다?

• 요즘 방송을 보면 요리 프로그램이 대세다.

'무엇을 하면'이라는 조건문이 문두에 제시되었다. 따라서 뒤에는 '어떠하다' 또는 '어떠하다는 사실을 알 수 있다'라는 결과적 사실이 나와야 한다. 그런데 원문의 '프로그램이 대세다'는 결과적 사실이 아닌 주관적 판단을 나타내는 말이다. 결과적 사실을 나타내려면 다음과 같은 방식으로 표현할 수 있다.

☞ 요즘 방송을 보면 요리 프로그램이 많다.
☞ 요즘 방송을 보면 요리 프로그램이 많이 등장한다.
☞ 요즘 방송을 보면 요리 프로그램이 대세라는 것을 알 수 있다.
☞ 요즘 방송을 보면 요리 프로그램이 대세라는 느낌이 든다.

한편, 원문처럼 ' … 이 대세다' 꼴로 하려면 문두를 다음처럼 바꾼다.

☞ 요즘 방송은 요리 프로그램이 대세다.
☞ 요즘엔 요리 프로그램이 (방송의) 대세다.

064

추우려고, 예쁘려고, 빠르려고

> • 올 겨울에 얼마나 추우려고 날씨가 이 모양인지.

목적이나 욕망을 나타낼 때 쓰는 연결어미 '-려고'는 동사에만 붙고 형용사에는 붙을 수 없다.

① 예쁘려고 화장을 한다.
② 건강하려고 열심히 운동한다.
③ 빠르려고 택시를 탔다.

①~③의 '예쁘다', '건강하다', '빠르다'는 형용사이므로 '예쁘려고', '건강하려고', '빠르려고'로 활용되지 않는다. 따라서 동사형 '예뻐지려고', '건강해지려고', '빠르게 가려고'로 바꾸어야 한다.

그런 점에서 제시문의 '추우려고'도 비문법적인 것처럼 여겨진다. 하지만 이때의 '-려고'는 앞의 예문들과는 쓰임이 다르다. 목적이나 욕망이 아니라 가벼운 추측을 나타내는 것이다. 국립국어원에서도 가벼운 추측을 나타낼 때는 '(오늘도) 더우려나/추우려나' 등으로 표현할 수 있다고 설명하고 있다. '추우려고'도 가능하고 '추워지려고'도 가능해 보인다.

'-려고'가 '체언 + 이다'와 결합할 때도 있다. 예컨대 '그는 시합에서 이기려고 날마다 열심이다'와 같은 경우이다. 그러나 이는 구어체에서 나 볼 수 있는 예외적인 현상이므로 글에서는 삼가는 게 좋다.

더 알아보기

- 얼마나 완벽하려고 그렇게 열심이니?
→ 얼마나 완벽하게 하려고 그렇게 열심이니?

- 그는 자연스러우려고 노력했지만 몸이 따라 주지 않았다.
→ 그는 자연스럽게 보이려고 노력했지만 몸이 따라 주지 않았다.

065

죽 쑤어서 개가 먹었다?

> • 철수는 선생님을 만나서 꾸중을 들었다. 전날 청소를 안 하고 갔기 때문이다.

'철수는 선생님을 만나서'라는 말에는 철수가 자발적으로, 능동적으로 선생님을 만났다는 뜻이 강하게 내포되어 있다. 이때의 '-서'가 의도나 목적의 의미를 담은 말과 어울리기 때문이다.

예컨대 '학교에 가서'라는 말 뒤에는 '공부하다'처럼 목적성을 지닌 서술어가 나오게 된다. 제시문의 경우 '꾸중을 들었다'는 목적성을 지니지 않은 말이기 때문에 '-서'와 어울리기 힘들다.

> ☞ 철수는 선생님을 만났다가 꾸중을 들었다. 전날 청소를 안 하고 갔기 때문이다.

'철수는 선생님한테 꾸중을 들었다'가 간결하고 힘도 있는 표현이지만 '선생님을 만났다'라는 표현을 굳이 넣겠다면 이처럼 할 수 있겠다.

- 그는 집에 가서 곧 잠이 들었다.
→ 그는 집에 가자마자 곧 잠이 들었다.
→ 그는 집에 가서 곧바로 잠을 잤다.

- 죽을 쑤어서 개가 먹었다.
→ 죽을 쑤어서 개를 주었다.

066

'-지 모르다'와 '줄 모르다'

⊙ 그가 누구인지 알기나 해?
ⓒ 그가 누구인 줄 알기나 해?

　두 문장을 구분하지 않고 쓰는 경향이 있다. 하지만 양자는 쓰임이
다르다. 예를 들어 보자. A, B 두 사람이 길을 가는데 어떤 사람이 그
들을 보고 인사를 한다. A도 꾸벅 인사를 한다. 이때 B는 A에게 ⊙, ⓒ
두 형태로 물을 수 있다. ⊙은 '그가 누구인지 알기는 하고 인사하는 거
야?'라는 뜻이다. 여기엔 '누구인지 모를 수도 있다'라는 추측이 담겨
있다. ⓒ은 '그는 아무개인데, 너는 그걸 알기는 해?'라는 뜻이다. 즉 자
기는 그가 누구인지 알고 있다는 전제가 깔려 있다. 따라서 답변도 다
르다. 누구인지 모를 경우 ⊙은 '(누구인지) 몰라'가 되는 반면 ⓒ은 '몰
라. 그가 누구인데?'가 된다.

　① 그가 떠날지 몰라.
　② 그가 떠날 줄 몰라.

　이 문장은 '그가 혹시 떠나는 건 아닌가' 하고 추측하는 상황이다.

이처럼 추측을 나타낼 때는 ①처럼 '-지 모르다'를 쓴다.

③ 그가 그처럼 훌쩍 떠날지 몰랐다.
④ 그가 그처럼 훌쩍 떠날 줄 몰랐다.

'그가 훌쩍 떠났다'는 사실을 뒤늦게 인지한 내용이다. 이때는 '줄 모르다'를 쓴다.

둘의 차이를 정리해 보자. '-지 모르다'는 추측을 나타낸다. '어떤 사실이 아직 정해지지 않았는데, 혹시 그렇게 정해지지 않을까' 하고 추측하는 것이다. '-줄 모르다'는 인지를 나타낸다. '어떤 사실이 이미 정해져 있는데 당시에는 그 사실을 모르다'라는 뜻이 담겨 있다.

 더 알아보기

- 죄송해요. 오늘 모임이 있는지 몰랐어요.
→ 죄송해요. 오늘 모임이 있는 줄 몰랐어요.

- 아, 오늘까지인지 알았는데 … .
→ 아, 오늘까지인 줄 알았는데 … .

- 가짜인줄도 모르잖아.
→ 가짜인지도 모르잖아.

067

연결어미 '-(하)자'와
뒷말 간의 호응 관계

> • 대기업이 대리운전 사업에 진출하자 관련 군소 업체들이 투자 유
> 치에 실패했다.

대기업이 특정 산업에 진출하면 그 산업에 진출해 있던 소기업은 타
격을 받게 된다. 소기업에 투자하려 했던 사람도 투자를 접게 된다. 그
런 상황을 설명하고 있다.

그런데 '진출하자'가 뒤에 이어지는 말과 제대로 호응되지 않는다.
이때의 '-(하)자'는 앞의 일이 직접적인 원인이나 동기가 되어 뒤의 일
이 일어남을 나타낼 때 쓰는 말인데, 대기업의 진출이 투자 유치 실패
의 직접적인 원인이 된다고 단정할 수는 없기 때문이다. '진출하자'와
호응되도록 하려면 뒷말을 다음처럼 바꾼다.

☞ 대기업이 대리운전 사업에 진출하자 투자자들이 군소 업체들에
　대한 투자를 외면했다.

이 경우 투자자들의 투자 외면과 대기업의 진출 사이에 확실한 인과
관계가 형성된다. 다음 문장들도 수정문처럼 바꾸면 인과관계가 좀 더

긴밀해진다.

① 허생이 과일을 다 사들이자 상인들은 과일을 구입할 수 없었다.
☞ 허생이 과일을 다 사들이자 상인들은 더 이상 과일을 구입할 수
없었다.
☞ 허생이 과일을 다 사들이자 상인들은 더 이상 과일을 구입할 수
없게 되었다.

② 허생이 과일을 다 사들이자 상인들은 과일 구입에 실패했다.
☞ 허생이 과일을 다 사들이자 상인들은 과일 구입에 실패할 수밖에
없게 되었다.

③ 허생이 과일을 다 사들이자 상인들은 과일을 구입하지 못했다.
☞ 허생이 과일을 다 사들이자 상인들은 과일을 구입하지 못해 쩔쩔
맸다.

한편, 뒷말인 '투자 유치에 실패했다'를 살리려면 다음처럼 표현
한다.

☞ 대기업이 대리운전 사업에 진출한 이후 관련 군소 업체들이 투자
유치에 실패했다.

즉 ' - (하)자' 대신 ' … 한 이후'를 써서 앞뒤 말의 인과관계를 모호하
게 풀어가는 것이다. 이 경우 양자 사이에 인과관계가 분명치는 않지만
정황상 수긍할 만한 인과관계가 있어 보인다는 의미를 담게 된다. 언론

등에서 이처럼 두루뭉술한 표현을 많이 쓴다. 다음 예도 마찬가지이다.

- 대기업이 대리운전 사업에 진출하자 관련 군소 업체들의 매출이 현저히 줄었다.
- ☞ 대기업이 대리운전 사업에 진출한 이후 관련 군소 업체들의 매출이 현저히 줄었다.

부정문과 못 어울리는 '-도록'

- 스타트업이 성장할 수 있도록 지원을 아껴서는 안 된다.

제시문은 '스타트업이 성장할 수 있도록 지원해야 한다'라는 의도를 담고 있다. 하지만 '성장할 수 있도록 지원을 아끼면 안 된다', 곧 지원하지 말라는 의미로 읽히기 십상이다. 왜냐하면 '-도록'이 바로 뒤에 나오는 서술어까지만 수식하려는 성질을 지녔기 때문이다. 즉 '성장할 수 있도록'이 뒷부분 전체인 '지원을 아끼지 말라'가 아닌 '지원을 아끼다'까지만 수식하는 것이다. 이는 '-도록'이 그 뒤에 나오는 부정어와는 잘 호응하지 않는다는 뜻이기도 하다. 결론적으로 '-도록'은 긍정문과 잘 어울린다고 할 수 있다.

☞ 스타트업이 성장할 수 있도록 충분히 지원해야 한다.

 더 알아보기

- 업무 공백이 생기지 않도록 신규 인력 충원을 지체해서는 안 된다.

→ 업무 공백이 생기지 않도록 신규 인력을 신속히 충원해야 한다.

- 나무가 잘 자랄 수 있도록 거름을 주지 않으면 안 된다.

→ 나무가 잘 자랄 수 있도록 거름을 주어야 한다.

동사와만 어울리는 '-려면'

- 대기업이려면 직원이 300명 이상이 되어야 한다.

'-려면'은 의도나 목적을 나타내는 말로서 동사 뒤에만 붙는다. 즉 '먹으려면', '가려면' 등의 형태로 나타나고, '예쁘려면', '고우려면' 등의 형태로는 나타나지 않는다. '명사 + 이다' 꼴과도 결합하지 않는다. 그러므로 제시문의 '대기업이려면'은 동사형 '대기업이 되려면'으로 표현한다.

- 꽃이 잘 자라려면 햇빛을 자주 쐬어야 한다.

'-려면'이 의도를 나타낸다고 했거니와 이 문장에서 주어인 '꽃'은 무정물이므로 의도를 나타내는 말과 어울릴 수 없다. 그러므로 '꽃이 잘 자라려면'은 어색한 표현이 된다. 이 문장은 사동 표현인 '꽃이 잘 자라도록 하려면 햇빛을 자주 쐬게 해 준다'로 할 수 있다.

더 알아보기

- 꽃이 죽지 않으려면 물을 제때 주어야 한다.
→ 꽃이 죽지 않게 하려면 물을 제때 주어야 한다.

- 얼굴이 예쁘려면 마음이 착해야 한다.
→ 얼굴이 예뻐 보이려면 마음이 착해야 한다.
→ 얼굴이 예뻐지려면 마음이 착해야 한다.

070

같은 연결어미가 연이어지면

- 그 회사는 신상품을 개발하여 해외에 판매하여 위기를 극복했다.

한 문장에 같은 연결어미가 연속으로 나오면 중언부언하는 느낌이 든다. 또 연결어미끼리 음의 간섭을 일으키기도 한다. 제시문은 '-(하)여'가 연속으로 나왔다. 다음의 여러 형태로 바꿀 수 있다.

☞ 그 회사는 신상품을 개발하여 해외에 판매함으로써 위기를 극복했다.

☞ 그 회사는 신상품의 해외 판매를 통하여 위기를 극복했다.

☞ 그 회사는 신상품을 개발하고 이를 해외에 판매하여 위기를 극복했다.

☞ 그 회사는 신상품을 개발, 해외에 판매하여 위기를 극복했다.

연결어미 '-여'는 '-아/-어'로도 실현된다. '보다-보아', '주다-주어', '말하다-말하여' 등의 예에서 알 수 있듯 용언 어간의 끝 음절 모음 형태에 따라 변형된다. 따라서 형태가 달라도 같은 것으로 보아야 한다.

① 손잡이를 당겨 문을 열어 안을 들여다보니 아무도 없었다.
② 서로 머리를 맞대어 합리적인 방안을 찾아 이번 사건을 해결하자.

①의 '당겨'와 '열어', ②의 '맞대어'와 '찾아'는 같은 연결어미이다.

☞ ① 손잡이를 당겨 문을 열고 안을 들여다보니 아무도 없었다.
☞ ② 서로 머리를 맞대고 합리적인 방안을 찾아 이번 사건을 해결
하자.

다른 연결어미도 마찬가지이다. 몇 가지 예를 들어보자.

• 그 회사는 주주총회를 열고 새 이사를 선임하고 주요 안건을 의결
했다.
☞ 그 회사는 주주총회를 열어 새 이사를 선임하고 주요 안건을 의결
했다.
☞ 그 회사는 주주총회를 열어 새 이사를 선임한 뒤 주요 안건을 의
결했다.

• 경기 침체가 계속되면서 적자가 확대되면서 타개책을 모색하고
있다.
☞ 경기 침체가 계속되면서 적자가 확대되자 타개책을 모색하고 있다.
☞ 계속되는 경기 침체로 적자가 확대되자 타개책을 모색하고 있다.

• 형제가 싸우지 않도록 동생을 다른 곳으로 이사해서 살도록 했다.
☞ 형제가 싸우지 않도록 동생을 다른 곳으로 이사 가게 했다.

- 고향을 떠나 이리저리 떠돌며 고생하며 지냈다.
☞ 고향을 떠나 이리저리 떠돌며 많은 고생을 했다.
☞ 고향을 떠나 이리저리 떠도는 등 고생하며 지냈다.
☞ 고향을 떠나 이리저리 떠돌며 어렵게 지냈다.

- 날씨가 추우므로 감기에 걸릴 수 있으므로 문을 꼭 닫아야 한다.
☞ 날씨가 추워 감기에 걸릴 수 있으므로 문을 꼭 닫아야 한다.

- 어제 과로해서 병이 나서 연습장에 못 갔어.
☞ 어제 과로해서 병이 나는 바람에 연습장에 못 갔어.

071 ♣ 수식하는 말끼리 비슷한 형태로

072 ♣ 이중 수식 구조 피하기

073 ♣ 꾸미는 대상을 명확히

074 ♣ 수식의 범위에 따른 중의성

075 ♣ 뜬금없는 수식어

076 ♣ 서울을 비롯한 경기도?

077 ♣ 눈 폭탄이 강타한 강원도, 눈 폭탄을 맞은 강원도

078 ♣ '인한', '인해' 가려 쓰기

PART
06

수식
구조

071
수식하는 말끼리 비슷한 형태로

- 우리는 긍정적이고 창조적 자아상을 만들어 가야 한다.

'긍정적이고 창조적 자아상'은 관형어 두 개가 명사 하나를 동시에 수식하는 구조이다. 이 경우 두 수식어의 형태를 같게 하면 일종의 대구를 이루어 읽기 편해진다.

☞ 우리는 긍정적이고 창조적인 자아상을 만들어 가야 한다.

 더 알아보기

- 키가 크고 미모인 여자
- → 키가 크고 얼굴이 예쁜 여자

- 생산비가 높고 비효율적인 시스템
- → 생산비가 높고 효율성이 떨어지는 시스템

072

이중 수식 구조 피하기

- 일본에서 발생한 규모가 큰 지진들에 대해 알아보자.

글의 흐름을 방해하기 쉬운 것 중 하나가 겹 수식 구조이다. 겹 수식 구조란 수식어 두 개가 피수식어 하나를 공유하는 구조를 말한다. '찌는 듯한 무더운 날'이 그러한 예이다. 이 형태는 '찌는 듯한'이 이웃한 뒷말 '무더운'을 건너뛰어 그 뒤의 '날'을 수식한다. 그런데 우리의 잠재의식에는 '수식어는 이웃한 뒷말을 수식한다'라는 고정관념이 자리 잡고 있다. 이 고정관념을 깨는 표현이 나오면 일순 긴장하게 되는 것이다. 그러므로 '찌는 듯한'을 '찌는 듯이'로 바꾸어 이웃한 뒷말을 수식하게 할 필요가 있다.

☞ 일본에서 발생한 지진 중에서 규모가 큰 것들에 대해 알아보자.

 더 알아보기

- 사람들의 눈을 사로잡는 디자인이 돋보이는 제품.

→ 디자인이 돋보여 사람들의 눈을 사로잡는 제품.

- 가입 신청을 한 20명이 넘는 고객.
→ 가입 신청을 한 20여 명의 고객.

- 이상(理想)은 결코 허황된 비현실적인 공상이 아니다.
→ 이상(理想)은 결코 허황되거나 비현실적인 공상이 아니다.

- 한국은 세계에서 유례가 없는 고속 성장을 이룩한 나라이다.
→ 한국은 세계에서 유례가 없을 만큼 고속 성장을 이룩한 나라이다.

- 더욱 새로워진 밝은 모습으로 거듭나야 할 것이다.
→ 더욱 새롭고 밝은 모습으로 거듭나야 할 것이다.

꾸미는 대상을 명확히

- 날로 증가하는 화재 예방을 위해 노력하자.

'화재가 증가한다'라는 의미를 담고자 한 것이 '화재 예방이 증가한다'는 의미가 되었다. 수식어(관형어)는 이웃한 명사를 꾸미는데, 명사가 여러 개 나열돼 있으면 나열된 말 전체 또는 맨 뒤의 말을 꾸미려 하기 때문이다.

☞ 날로 증가하는 화재를 예방하기 위해 노력하자.

이처럼 꾸미는 대상을 확실히 정해 주면 의미가 명확해진다.

- 지난해에 도입된 분양가 상한제 폐지를 놓고 시끌벅적하다.

이 문장도 '분양가 상한제'가 도입되었다는 것인지, '분양가 상한제 폐지'가 도입되었다는 것인지 헷갈리게 한다. 전자의 의미가 되게 하려면 다음처럼 표현한다.

☞ 지난해에 도입된 분양가 상한제를 폐지하는 문제로 시끌벅적하다.

다만 이 경우 문장이 다소 늘어질 수 있다. '도입된 … 폐지하는'이 겹 수식 구조이기 때문이다. 이 표현이 마땅치 않다면 '지난해에 도입된'을 떼 내어 다른 문장에 붙이는 식으로 변화를 줄 수도 있다.
한편, 다음처럼 간단히 '의'를 넣으면 어떨까.

• 날로 증가하는 화재의 예방을 위해 노력하자.
• 지난해에 도입된 분양가 상한제의 폐지 문제로 시끌벅적하다.

사실 관형어가 조사 '의'에 의해 연결된 두 명사를 꾸미는 형태에서는 그 관형어가 꾸미는 말이 어느 한쪽으로 정해져 있지 않다. 예컨대 '몰락한 제국의 해군 장교'에서 '몰락한'이 꾸미는 것은 앞말인 '제국'이다. 반면 '시커먼 화산의 재'에서 '시커먼'이 꾸미는 것은 뒷말인 '재'이다. 결국 이 형태는 문맥에 따라, 또는 해석 여하에 따라 꾸미는 대상이 결정된다. 그러므로 위의 예문처럼 표현하면 꾸미는 대상을 적당히 얼버무리는 셈이 된다. 확실한 대안이 없다면 이 방법을 차선책으로 택할 수 있다.

 더 알아보기

• 엄마는 처녀 시절부터 다니던 직장 생활을 계속하면서 스트레스를 많이 받았다.
→ 엄마는 처녀 시절부터 지금까지 직장 생활을 계속하면서 스트

레스를 많이 받았다.

→ 엄마는 처녀 시절부터 다니던 직장을 계속 이어 다니면서 스트
레스를 많이 받았다.

• 회사 측은 밤 10시까지 하던 잔업 금지 명령을 내렸다.

→ 회사 측은 밤 10시까지 하던 잔업을 금지하도록 명령했다.

074

수식의 범위에 따른 중의성

- 극적으로 살아난 농부의 아들이 언론과 인터뷰를 했다.

'몰락한 제국의 해군 장교'에서 '몰락한'이 꾸미는 것은 앞말인 '제국'이다. 반면 '시커먼 화산의 재'에서 '시커먼'이 꾸미는 것은 뒷말인 '재'이다. 이처럼 관형어가 조사 '의'에 의해 연결된 두 명사를 꾸미는 형태에서는 그 관형어가 꾸미는 말이 어느 하나로 정해지지 않고, 문맥에 따라 선택된다. 그런데 문맥상으로도 어느 쪽을 꾸미는지 알 수 없는 경우가 있다. 예컨대 '성공한 철수의 아버지'에서 '성공한'이 꾸미는 것은 '철수'일 수도 있고, '아버지'일 수도 있다. 제시문도 극적으로 살아난 사람이 농부인지 농부의 아들인지 불분명하다. 요컨대 중의성이 강한 수식 구조가 되지 않도록 수식 관계를 명확히 밝혀야 한다.

 더 알아보기

- 미국에서 결혼한 그들 부부의 딸은 미국에 가 보지 못했다.
- → 그들 부부는 미국에서 결혼했지만 그 딸은 미국에 가 보지 못

했다.

- 대학원을 졸업한 그의 부인은 중졸 출신이다.
→ 그는 대학원을 졸업했고, 그의 부인은 중학교를 졸업했다.

075

뜬금없는 수식어

> • ○○ 시인은 얼마 전에 발표된 노벨 문학상의 단골 후보이다.

체언이 관형어를 품으면 그 체언은 문장 내에서 관형어와 한 몸을 이루어 다른 문장 성분과 결합한다. 예컨대 '영희가 걸어간다'라는 표현은 자연스럽고 '서울에 사는 영희가 걸어간다'라는 표현은 부자연스러운데, 후자가 부자연스러운 것은 '서울에 사는 영희'가 하나의 의미 단위가 되어 '걸어간다'와 결합하기 때문이다.

① 영희는 어제 1등을 한 철수를 좋아한다.
② 하버드 대학을 나온 오바마가 대통령이 되었다.

①에서 영희가 좋아하는 사람은 '철수'가 아닌 '어제 1등을 한 철수'이고, ②에서 대통령이 된 사람은 '오바마'가 아닌 '하버드 대학을 나온 오바마'이다. 즉 글의 본래 의도와 다르게 해석되는 것이다.

제시문에서 전달하려는 정보는 ○○ 시인이 '매년 발표되는 노벨 문학상'의 단골 후보라는 것이다. 하지만 원문은 그와 달리 '얼마 전에 발표된 노벨상'의 단골 후보라는 뜻이 되고 말았다.

☞ ○○ 시인은 매년 발표되는 노벨 문학상의 단골 후보이다.

더 알아보기

- 지난해 급락했던 중국 증시에 대해 장밋빛 전망이 나오고 있다.
→ 지난해 급락했던 중국 증시가 올해는 반등할 것이라는 장밋빛 전망이 나오고 있다.

- 한국은행이 1일 발표한 1월 생산자물가 지수는 102로 집계 됐다.
→ 한국은행은 1월 생산자물가 지수가 102로 집계됐다고 1일 발표했다.

076

서울을 비롯한 경기도?

> ㉠ 이번 사건은 서울을 비롯한 전국 각지로 확산됐다.
> ㉡ 이번 사건은 서울을 비롯한 경기도로 확산됐다.

㉠은 바른 표현이고 ㉡은 바르지 않은 표현이다. 왜 그럴까. '비롯한'은 앞말이 뒷말에 포함되는 관계일 때 쓸 수 있다. '이장을 비롯한 마을 사람들'이란 표현을 보면 이장이 마을 사람들에 포함되는 관계임을 알 수 있다. '서울을 비롯한 전국 각지로'의 경우 서울이 전국 각지에 포함되는 관계이므로 자연스럽다. ㉡의 경우 서울이 경기도에 포함되지 않으므로 어색하게 느껴지는 것이다. 이 표현은 '서울에 이어 경기도로' 정도로 바꿀 수 있겠다.

- 청년을 비롯한 장년층도 스마트폰 게임에 빠져들고 있다.

이 문장도 청년이 장년층에 포함되지 않으므로 '비롯한'이 어울리지 않는다. '청년뿐만 아니라 장년층도' 또는 '청년에 이어 장년층도' 등으로 바꿀 수 있다.

- 영국을 비롯하여 프랑스, 독일로 수출하고 있다.

'비롯하여'는 '비롯한'과 쓰임이 약간 다르다. '비롯하여'는 '시작으로'라는 의미를 담고 있다. 예컨대 '서울을 비롯하여 경기도, 충청도 등여러 지역으로 확산되었다'라고 표현할 수 있다. 다만 이 경우에도 포함의 개념이 들어가는 것이 일반적이다. 그러므로 '여러 지역'을 삭제한 채 '서울을 비롯하여 경기도, 충청도로 확산되었다'로 표현하기는 뭣하다. '등'이라도 넣어 '… 충청도 등지로 확산되었다'로 하는 게 좋다. 따라서 위의 제시문도 다음처럼 표현한다.

☞ 영국을 비롯하여 프랑스, 독일 등지로 수출하고 있다.
☞ 영국을 비롯하여 프랑스, 독일 등 유럽 여러 나라로 수출하고 있다.

더 알아보기

- 그 회사는 영국을 비롯한 프랑스, 독일 등으로 제품을 수출하고 있다.
→ 그 회사는 영국을 비롯한 유럽 여러 나라로 제품을 수출하고 있다.
→ 그 회사는 영국, 프랑스, 독일 등으로 제품을 수출하고 있다.
→ 그 회사는 영국을 비롯하여 프랑스, 독일 등으로 제품을 수출하고 있다.

077

눈 폭탄이 강타한 강원도,
눈 폭탄을 맞은 강원도

> • 눈 폭탄이 강타한 강원도 동해안 지역이 큰 재해를 겪고 있다.

'눈 폭탄이 강타한 강원도'는 매우 불안정한 표현이다 '눈 폭탄을 맞은 강원도'라고 해야 한다. 불안정한 이유를 알아보자.

철수가 영수를 때렸다고 치자. 이 경우 다음 두 가지 표현 방법을 생각할 수 있다.

① 철수한테 맞은 영수가 울고 있다.
② 철수가 때린 영수가 울고 있다.

그런데 ①은 자연스럽고, ②는 부자연스럽다. ②는 왜 부자연스러울까.

'철수가 산 책'은 '여러 책 중에서 철수가 산 책'이라는 의미이다. '철수가 산 국어책'도 '여러 국어책 중에서 철수가 산 국어책'이라는 의미이다. 즉 이때의 '책'과 '국어책'은 전체 중의 일부를 가리키는 개념이다. 이런 해석 방식을 ②에 적용해 보자. '철수가 때린 영수'란 '여러 영수 중에서 철수가 때린 영수'라는 의미가 된다. 하지만 '여러 영수'라는 표현은 성립하기 어렵다. 따라서 이 표현은 안정적이지 않다. 한편, '영수'를 '아이'로 바꾸어 '철수가 때린 아이'로 표현할 수는 있다. 이 경우에는 '여러 아이 중 철수가 때린 아이'라는 뜻이 된다.

제시문의 '눈 폭탄이 강타한 강원도'는 '여러 강원도 중에서 눈 폭탄이 강타한 강원도'라는 의미이다. 그런데 '여러 강원도'라는 표현은 성립하기 어렵다. 이 때문에 부자연스러운 표현으로 인식되는 것이다. 한편, '눈 폭탄이 강타한 곳인 강원도'로 표현하는 것은 가능하다. 어찌 보면 이 표현에서 '곳인'을 생략한 것이 ②가 아닐까 싶기도 한데, 그렇게 본다면 '곳인'을 생략할 수 있는가가 또 다른 논점이 될 수 있다.

 더 알아보기

- 한국전쟁 때 미군이 폭격한 노근리는 충북 영동군에 있는 작은 마을이다.
→ 한국전쟁 때 미군의 폭격을 받았던 노근리는 충북 영동군에 있는 작은 마을이다.

- 선생님이 칭찬한 철수는 기뻐서 어쩔 줄 몰랐다.
→ 선생님의 칭찬을 받은 철수는 기뻐서 어쩔 줄 몰랐다.

078

'인한', '인해' 가려 쓰기

> ㉠ 그는 실연으로 인한 알코올 중독자가 됐다.
> ㉡ 그는 실연으로 인해 알코올 중독자가 됐다.

두 문장은 표현 의도가 다르다. ㉠은 알코올 중독의 원인이 실연이라는 뜻이다. ㉡은 실연 때문에 알코올 중독자가 됐다는 뜻이다. ㉠은 사건의 원인에 초점을 맞추었고, ㉡은 사건의 결과에 초점을 맞추었다. 일반적으로 알코올 중독자가 되었다면 중독된 사실이 관심의 초점이 되고 중독의 원인은 부차적인 관심 사항이 된다. 즉 ㉠은 우리가 일반적으로 쓰는 표현과는 거리가 있다.

① 화상으로 인한 흉터가 생겼다.
② 화상으로 인해 흉터가 생겼다.

누군가가 "웬 흉터니?"라고 물었다면 ①처럼 '화상으로 인한 흉터'라고 대답할 수 있다. 하지만 단순히 화상 때문에 흉터가 생긴 사실을 전하는 상황에서는 ②처럼 '화상으로 인해 흉터가 생겼다'라고 표현한다.

③ 요즘 실연으로 인한 자살이 늘고 있다.
④ 요즘 실연으로 인해 자살이 늘고 있다.

전술한 예문들이 '인한'을 버리고 '인해'를 택해야 하는 것들이었다면, 이번엔 반대로 '인해'를 버리고 '인한'을 택해야 하는 예를 살펴보자. ③과 ④를 비교하면, ③은 자살의 증가가 '실연으로 인한 자살'에 한정된다. ④는 전체적인 자살 수의 증가를 뜻한다. ④의 경우, 우선 실연 때문에 자살이 늘어난다는 말은 논리적인 근거를 확보하기 어렵다. 또 실연으로 인한 자살은 자살의 여러 유형 가운에 극히 일부에 속하므로 실연 때문에 전체적인 자살 수가 늘어난다는 말도 받아들이기 어렵다. 결국 ④는 타당하지 않은 표현이다. ④에서 '인해'를 살려 쓰려면 '요즘 실연으로 인해 자살하는 사람이 늘고 있다'로 표현해야 한다.

079 ♣ '너무' 오만의 극치다?

080 ♣ 부사어의 꾸밈 관계를 살피자

081 ♣ 부사어가 서술어를 잘못 만나면

082 ♣ 'X에서'와 호응하는 서술어

083 ♣ 'X에'와 호응하는 서술어

084 ♣ 'X에게'와 호응하는 서술어

085 ♣ 부사어도 정해진 위치가 있다

086 ♣ 부사절도 주어의 영향을 받는다

087 ♣ 의문형과 어울리는 '얼마나'

088 ♣ '매우'와 '거의' 가려 쓰기

089 ♣ 부정문과 어울리는 '결코', '좀처럼'

090 ♣ '왜냐하면… 때문이다'의 짝 맺음

PART
07

부사어의
쓰임

'너무' 오만의 극치다?

> • 너무 오만의 극치라고 본다.

어느 정치인의 발언이다. 강한 어조를 띠게 하려고 부사인 '너무'를 넣었는데, 이것이 그만 비문을 낳고 말았다. 비문이 되는 이유를 통해 부사의 문법적 특징을 살펴보자.

부사는 독립적으로 기능하지 못한다. 뒤에 나오는 말을 꾸며 줄 뿐이다. 주로 용언(동사, 형용사)을 꾸민다.

㉠ 너무 + 자랐다 : 동사를 꾸밈
㉡ 너무 + 예쁘다 : 형용사를 꾸밈

그런데 제시문 '너무 오만의 극치'에는 용언이 없다. 즉 '너무'가 짝을 찾지 못하고 붕 뜬 형태이다. '너무 오만하다' 식으로 뒤에 동사가 오도록 해야 한다.

원리는 이처럼 아주 간단하지만, 글을 쓸 때는 이를 무시하고 용언 대신 체언을 꾸미게 할 때가 많다.

① 계약을 위반했기 때문에 계약금은 굳이 반환의 필요가 없다.

이 문장은 '굳이'의 피수식어가 '반환의'라는 명사이다. 이를 용언 형태로 만들어 주어야 한다.

☞ 계약을 위반했기 때문에 계약금은 굳이 반환할 필요가 없다.

다음 예문들도 부사가 명사를 수식하도록 한 것이다.

② 이게 가장 고가의 물건이다.
☞ 이게 가장 (값이) 비싼 물건이다.
☞ 이게 최고가의 물건이다.

③ 적극 협조가 아니면 이 문제를 해결하기 어렵다.
☞ 적극 협조하지 않으면 이 문제를 해결하기 어렵다.
☞ 적극적인 협조가 아니면 이 문제를 해결하기 어렵다.

한편, 초점에서 약간 빗겨 가자면, 예외적으로 명사를 수식하는 부사도 있다.

④ 그는 {매우/아주} 부자다.
⑤ 어제와는 아주 딴판이다.
⑥ 한낱 종잇조각에 불과하다.

이들 문장에 쓰인 '매우/아주/한낱'은 명사를 수식하지만 자연스러운 표현으로 인식된다. 이처럼 일부 부사는 명사를 수식하는 특수 구조를 띠기도 한다. 그렇다고 이런 부사가 아무 명사나 수식하는 것은 아니다.

⑦ 그는 {매우/아주} 천재다.

이 문장 역시 '매우/아주'가 명사를 수식하지만 비문에서 벗어날 수 없다.

⑧ 그는 매우 미남이다.
⑨ 그는 상당히 미남이다.
⑩ 그는 아주 미남이다.

⑧은 비문이고, ⑨는 비문이 아니다. ⑩은 양자의 경계에 있다고 할 수 있다. 다만 이를 구분하는 기준은 뚜렷하지 않아서 각자의 언어 직관에 의존할 수밖에 없다.

참고로 부사가 명사(체언)를 수식하는 예는 다음과 같다.

- 딱 하나밖에 없다
- 한 상 크게 차린다더니 고작 밥에 김치냐?
- 겨우 돈 몇 푼 얻자고 이 고생을 했단 말인가.
- 철수 바로 앞에 영희가 있다.
- 지갑에는 단지 차비만 들어 있을 뿐이다.

부사어의 꾸밈 관계를 살피자

• 그들은 선착장에 도착 후 곧바로 배를 탔다.

이 문장에서 '선착장에'는 문장 성분으로 치면 부사어이다. 부사어는 문장 내에서 부사와 똑같은 기능을 한다. 즉 용언(동사, 형용사)을 수식한다. 그런데 이 문장은 '선착장에'가 수식하는 용언이 안 보인다. '도착'을 용언형 '도착한'으로 바꾸면 수식 관계가 바르게 된다.

참고로 부사어의 유형에 대해 알아보자. 첫째, '잘 놀다'의 '잘'처럼 부사가 그대로 부사어가 된 경우가 있다. 둘째 '철수와', '철수에게', '철수처럼'과 같이 명사(체언)에 부사격 조사가 붙은 경우가 있다. 셋째 '가서', '가니', '가자마자'와 같이 용언에 연결어미가 붙은 경우가 있다. 요컨대 문장의 주성분인 주어, 목적어, 서술어, 보어가 아닌 것은 다 부사어라고 생각하면 이해하기 쉽다. 물론 체언을 수식하는 관형어도 제외된다. 결과적으로 이런 말들은 자신과 짝이 되는 용언을 만나야 제 구실을 하게 된다.

• 철수가 영희와 게임에서 이겼다.
☞ ① 철수가 영희와 함께한 게임에서 이겼다.

☞ ② 철수가 영희와의 게임에서 이겼다.

이 문장에서 '영희와'는 부사어이다. 그런데 짝이 되는 용언이 안 보인다. 해결 방법은 ①처럼 '함께하다'라는 용언을 넣어 주거나, ②처럼 '의'를 붙여 관형어로 만들어 주는 것이다. 한편 이 문장은 '영희와'가 용언 '이겼다'를 수식한다고 볼 수도 있다. 이 경우엔 '철수와 영희가 함께 이겼다'라는 다른 의미가 된다. 그리고 이 경우엔 '철수와 영희가 게임에서 이겼다'라고 표현하는 것이 일반적이다.

• 야당 대표가 여당 대표와 통화에서 협조를 다짐했다.
☞ ① 야당 대표가 여당 대표와 가진 통화에서 협조를 다짐했다.
☞ ② 야당 대표가 여당 대표와의 통화에서 협조를 다짐했다.

이 문장도 위의 예문과 형태가 같다. 신문에서 흔히 발견되는 비문이다.

• 이번 일을 계기로 더 이상 불법이 통하지 않는 투명 행정을 기대한다.
☞ 이번 일을 계기로 더 이상 불법이 통하지 않는 투명 행정이 펼쳐지기를 기대한다.

부사구 '이번 일을 계기로'가 수식하는 용언이 드러나지 않았다. '기대한다'를 수식하는 것으로 볼 수는 있지만 수식하는 힘이 약하다. '이번 일을 계기로 무엇을 어찌하다' 또는 '이번 일을 계기로 무엇이 어찌되다'라는 의미 구조가 되면 더 긴밀한 수식 구조가 된다.

- 카드로 결제 시 수수료가 붙는다.
→ 카드로 결제할 시 수수료가 붙는다.
→ 카드 결제 시 수수료가 붙는다.

- 난장판으로 변질 가능성이 높다.
→ 난장판으로 변질될 가능성이 높다.

- 제품의 하자를 직접 눈으로 확인이 가능하다.
→ 제품의 하자를 직접 눈으로 확인할 수 있다.
→ 제품의 하자를 직접 눈으로 확인하는 것이 가능하다.

081

부사어가 서술어를 잘못 만나면

- 잔금 1억 원은 3월 1일에 지불을 약속한다.

부사어가 용언과 결합한다는 사실을 간과할 경우 자칫 의미의 왜곡을 초래할 수도 있다. 제시문에는 부사어 '3월 1일에'와 결합할 수 있는 용언이 '약속한다' 하나밖에 없다. 그래서 '3월 1일에 지불한다'라는 본래 의도와 달리 '3월 1일에 약속한다'라는 뜻이 되고 말았다. 문구대로 한다면 지급일을 무한정 늦춰도 될 것이다. '지불하기로 약속한다'로 해야 정확한 표현이 된다.

- 그 회사는 내년까지 10조 원의 신규 투자 계획을 발표했다.

이 문장도 의미가 꼬였다. 부사어 '내년까지'가 '발표했다'를 수식하는 형태여서 '내년까지 발표했다'라는 뜻으로 읽힌다. 글의 의도에 맞추려면 '내년까지'와 호응하는 서술어 '투자하다'를 따로 갖추어 ' … 내년까지 10조 원을 신규 투자하겠다는 계획을 발표했다'로 표현해야 한다.

• 올해도 대규모 세수 펑크 우려가 커지고 있다.

이 문장에서 부사어 '올해도'가 수식하는 말은 '커지다'이다. 즉 '올해도 (우려가) 커지고 있다'라는 뜻이다. 하지만 실제로 말하고자 하는 것은 '올해도 세수 펑크가 생기다'이다. 이런 의도를 살리기 위해 다음처럼 표현한다.

☞ 올해도 대규모 세수 펑크가 생길 수 있다는 우려가 커지고 있다.
☞ 올해도 대규모 세수 펑크가 생길지 모른다는 우려가 커지고 있다.

더 알아보기

• 그가 자진 사퇴하지 않을 경우 국회 차원의 제명을 촉구했다.
→ 그가 자진 사퇴하지 않을 경우 국회 차원에서 제명하도록 촉구했다.

• 현대가 미국에 30만 대 생산 기지 건설 계획을 확정했다.
→ 현대가 미국에 30만 대 생산 기지를 건설한다는 계획을 확정했다.
→ 현대가 미국에 30만 대 생산 기지를 건설하기로 했다.

082

'X에서'와 호응하는 서술어

> ㉠ 회칙 변경이 이번 모임에서 주요 이슈였다.
> ㉡ 회칙 변경이 이번 모임에서 주요 이슈가 되었다.

㉠, ㉡ 두 문장 중 어느 쪽을 택할 것인지 망설여질 수가 있다. ㉠의 '이슈였다'를 택하자니 간결하긴 한데 무언가 빠진 느낌이 들고, ㉡의 '이유가 되었다'를 택하자니 '이슈였다'보다 늘어지는 느낌이 든다.

둘 중 더 문법적인 표현은 ㉡이다. 이 경우 부사어 '모임에서'와 뒷말의 호응 관계가 문법성을 결정짓게 되는데, ㉠은 '논의에서 이슈이다'라는 의미 구조이고, ㉡은 '논의에서 이슈가 되다'라는 의미 구조이다. ㉠보다는 ㉡이 더 잘 호응된다. 부사어는 용언형 서술어와 잘 어울리기 때문이다.

만약 ㉠처럼 서술어를 '이슈였다'로 가져가려면 다음처럼 표현한다.

☞ 회칙 변경이 이번 모임의 주요 이슈였다.

더 알아보기

- 조직 개편이 이번 논의에서 가장 큰 논쟁거리이다.
→ 조직 개편이 이번 논의에서 가장 큰 논쟁거리가 되고 있다.

- 직장에서 가장 큰 어려움은?
→ 직장에서 겪는 가장 큰 어려움은?
→ 직장에서 가장 크게 겪는 어려움은?
→ 직장 생활의 가장 큰 어려움은?

'× 에'와 호응하는 서술어

- 상대 팀에 반격에 나섰다.

문장은 단어와 단어 간 유기적인 결합의 산물이다. 관건은 '유기성'이다. 즉 단어와 단어 간 결합력이 강해야 한다. 각 문장 성분끼리 긴밀한 호응 관계를 이루어야 좋은 문장이 되는 것이다. 제시문은 조사 '에'가 연이어진 데다 부사어 '상대팀에'와 서술어 '나서다'가 잘 호응되지 않는다. '상대 팀에 반격하다'로 표현하면 잘 호응된다.

① 상대 팀에 반격했다.
② 상대 팀에 반격하기 시작했다.

①은 결합력은 강하지만, 원문의 '나서다'라는 의미가 반영되지 않았다. ②처럼 '시작하다'를 넣으면 '나서다'의 의미가 살아난다.

한편, '반격에 나서다'는 '누가 반격에 나서다'의 형태가 안정적이므로 '우리 팀이 반격에 나섰다'로 할 수도 있다.

'X에게'와 호응하는 서술어

> • 저는 부모님이나 선생님께 점점 거짓말이 늘어 마음이 불안합
>   니다.

어색한 대목은 '선생님께 … 거짓말이 늘어'이다. '선생님께 (무엇이) 늘다'라는 표현은 성립되기 어렵다. '선생님께'의 '께'는 '에게'와 같은 기능을 하는데, 이 '에게'가 행위를 나타내는 말(여기서는 '거짓말')과 결합할 때는 대부분 '누구에게 (무엇을) 어찌하다'의 구조를 띤다. 즉 '선생님께 거짓말을 하다' 꼴로 만든다.

☞ 저는 부모님이나 선생님께 점점 거짓말을 많이 해서 마음이 불안
   합니다.

그렇다면 다음 표현은 어떨까.

① 저는 부모님이나 선생님 앞에서 거짓말이 점점 늘어 마음이 불안
   합니다.
② 저는 부모님이나 선생님을 대할 때 거짓말이 점점 늘어 마음이 불

안합니다.

이 두 경우도 제시문과 같은 문제를 안고 있다. 즉 ①의 '선생님 앞에서 … (무엇이) 늘다'와 ②의 '선생님을 대할 때 (무엇이) 늘다'가 적절치 않은 의미 구조이다. 이들 역시 '선생님 앞에서 (무엇을) 하다', '선생님을 대할 때 (무엇을) 하다' 꼴로 바꾸어야 한다.

☞ ① 저는 부모님이나 선생님 앞에서 점점 거짓말을 많이 해서 마음이 불안합니다.

☞ ② 저는 부모님이나 선생님을 대할 때 점점 거짓말을 많이 하게 되어 마음이 불안합니다.

085

부사어도 정해진 위치가 있다

> • 철수가 생각했던 대로 1등을 했다.

부사어는 문장 내 위치의 이동이 자유롭다. 하지만 간혹 위치가 바뀌면 글의 의도가 달라질 수도 있다. 예컨대 '철수는 영희를 진짜 좋아한다'와 '철수는 진짜 영희를 좋아한다'는 의미 차이가 크다.

제시문은 본래 '(우리가) 생각했던 대로 철수가 1등을 했다'라고 해야 할 것을, 형태를 조금 비틀어 '철수가'를 앞으로 빼낸 것이다. '철수가'에 강세를 두기 위해서이다. 하지만 얼핏 보면 '철수가 생각했다'로 읽힐 수 있다.

 더 알아보기

- 그는 직장을 졸업도 하기 전에 다닌다.
→ 그는 졸업도 하기 전에 직장을 다닌다.

- 그들은 상대 팀에 긴장해서 졌다.
→ 그들은 긴장해서 상대 팀에 졌다.

부사절도 주어의 영향을 받는다

> ㉠ 그 회사는 제품에 대한 호평이 이어지면서 점점 시장에서 자리를 잡아 가고 있다.
>
> ㉡ 그 회사는 제품이 호평을 받으면서 점점 시장에서 자리를 잡아 가고 있다.

둘 다 가능한 표현이지만 구조적으로 더 안정된 쪽은 ㉡이다. ㉠은 다음처럼 부사절을 앞으로 빼내면 자연스럽다.

☞ 제품에 대한 호평이 이어지면서, 그 회사는 점점 시장에서 자리를 잡아 가고 있다.

㉠은 이처럼 문두에 놓인 부사절을 중간으로 옮겨 놓은 것인데, 그러다 보니 이 부사절이 주어의 영향권에 들게 되었다. 다시 말하면 '그 회사는 제품에 대한 호평이 이어진다'라는 구조가 된 것이다. 이 표현은 주술 관계가 불안정하다. 따라서 이런 구조에서는 주어와 부사절이 잘 호응되는 ㉡이 더 선호된다. 부사절도 주어 뒤에 놓이면 주어의 영향을 받는다.

의문형과 어울리는 '얼마나'

- 얼마나 추우면 저렇게 오들오들 떠는구나.

'얼마나'는 '얼마나 좋을까', '얼마나 맛있니' 등처럼 의문형과 결합한다. 물론 반드시 의문형과만 결합하는 것은 아니다. '얼마나 좋은지모르겠다', '얼마나 비싼지 살 엄두를 내지도 못했다' 등처럼 부정을 나타내는 말과 어울리기도 한다. 다만 제시문처럼 '얼마나 … 하면'으로시작되는 문장은 의문형을 띠게 된다.

① 얼마나 놀랐으면 지금까지 말도 못할까.
② 얼마나 놀랐으면 지금까지 말도 못하는구나.

①은 자연스럽고, ②는 어색하다. 물론 ②처럼 사용하는 경우도 있기는 하다. 예컨대 '쯧쯧, 얼마나 놀랐으면 … ' 하고 말을 줄여 쓸 수있다. 이때는 이 표현 자체로 문장이 완성된다. 뒤에 이어지는 문장은독립 문장이 된다.

② - 1 얼마나 놀랐으면 … . 지금까지 말도 못하는구나.

원문도 '얼마나 … 하면' 꼴이므로 의문형이 되도록 한다.

☞ 얼마나 추우면 저렇게 오들오들 떨까.

더 알아보기

- 얼마나 추웠으면 바닷물이 다 얼었다.
→ 얼마나 추웠으면 바닷물이 다 얼었을까.

- 비행기 사고에 대한 공포가 얼마나 컸으면 비행기가 추락할 확률을 계산해 주는 앱까지 나왔다.
→ 비행기 사고에 대한 공포가 얼마나 컸으면 비행기가 추락할 확률을 계산해 주는 앱까지 나왔을까.
→ 비행기 사고에 대한 공포가 크다 보니 비행기가 추락할 확률을 계산해 주는 앱까지 나왔다.

088

'매우'와 '거의' 가려 쓰기

> ㉠ 그의 노래를 들으니 가수의 목소리와 매우 똑같다.
> ㉡ 그의 노래를 들으니 가수의 목소리와 거의 비슷하다.

　얼핏 보면 아무 문제가 없어 보이는 이 두 문장엔 발견하기 쉽지 않은 함정이 있다. '매우 똑같다'와 '거의 비슷하다'가 그것이다.

　'똑같다'의 경우 '많이 똑같다', '적게 똑같다'가 성립되지 않듯이 '매우 똑같다'도 잘 성립되지 않는다. 이때는 가까운 정도를 나타내는 '거의'를 넣어 '거의 똑같다'로 하거나 '아주 똑같다'로 표현한다.

　반대로 '비슷하다'의 경우 '거의 비슷하다'라는 표현은 어색하다. '비슷하다'가 '거의 똑같다'라는 뜻인데 여기에 '거의'를 덧붙이면 '예쁘게 아름답다'와 같은 수식 구조가 되고 만다. 이때는 '매우 비슷하다'로 표현한다.

089

부정문과 어울리는 '결코', '좀처럼'

> • 경기가 좀처럼 안 풀릴 것 같다.

'좀처럼', '결코' 등의 부사는 부정문을 수반한다. '좀처럼/결코 ~하지 않다' 등으로 실현된다. 여기서 주의할 점은 부정을 나타내는 '안 하다', '못하다', '않는다', '없다' 등이 문장의 맨 뒤에 배치된다는 것이다. 예컨대 ①'좀처럼 먹으려 하지 않는다' ②'좀처럼 먹지 않으려 한다' ③'좀처럼 안 먹으려 한다'에서는 ①이 가장 안정적인 표현이 된다. '또 ④'결코 남을 해칠 사람이 아니다'와 ⑤'결코 남을 안 해칠 사람이다'에서는 ④가 안정적이다. 이 밖에 '여간', '그다지', '차마' 등의 부사도 이와 유사한 부정 구문을 이룬다.

☞ 경기가 좀처럼 풀릴 것 같지가 않다.

 더 알아보기

• 그것은 결코 우연하지 않은 일이었다.

→ 그것은 결코 우연한 일이 아니었다.

• 가슴팍이 떡 벌어진 게 여간 다부지지 않은 몸매였다.
→ 가슴팍이 떡 벌어진 게 여간 다부진 몸매가 아니었다.

• 그는 그 일이 그다지 안 내킨다는 표정이었다.
→ 그는 그 일이 그다지 내키지 않는다는 표정이었다.

• 그는 부끄러워 차마 얼굴을 못 들었다.
→ 그는 부끄러워 차마 얼굴을 들 수 없었다.

'왜냐하면 … 때문이다'의 짝 맺음

> • 철수는 지각을 했다. 왜냐하면 아침에 늦잠을 잤다.

'왜냐하면'은 부사로서 흔히 문두에 놓인다. 그리고 '때문이다'라는 서술어와 짝을 이루어 '왜냐하면 … 때문이다'의 문형으로 실현된다. 이처럼 부사와 서술어가 짝을 이루는 표현은 '비록 … ㄹ지라도', '아마 … ㄹ걸', '모름지기 … 해야 한다' 등 매우 많다.

그런데 간혹 '때문이다' 대신 단순 종결형 '-다'를 쓰는 경우가 있다. '왜냐하면'과 '때문이다'가 공히 이유를 나타내는 말이어서 표현이 중복된다고 여기기 때문이다. 하지만 이는 중복이 아니라 서로 짝을 이루어 붙어 다니는 관계이다. 예컨대 의문부사 '왜'가 '-인가/-일까' 등 의문형 종결어미와 짝을 이루는 것과 같다. '왜 … 인가'를 중복으로 보아 '왜 … 이다'로 표현할 수는 없는 노릇이다.

한편, 제시문에서 부사 '왜냐하면'은 생략할 수도 있다. 흔히 부사는 생략해도 의미가 통한다.

③ 철수는 지각을 했다. (왜냐하면) 아침에 늦잠을 잤기 때문이다.

하지만 생략할 수 있다는 이유로 그 부사를 사족으로 몰고 가서는 안 된다. 부사는 뒷말을 강조하거나 뒷말의 뜻을 더 확실히 해 준다. 음식으로 치면 조미료에 해당한다. 더구나 부사라고 해서 모두 생략할 수 있는 것도 아니다. '설마 처자식을 두고 떠나랴'에서 '설마'를 생략하면 원뜻을 온전히 담을 수 없다.

④ 철수는 지각을 했다. 왜냐하면 전날 늦게까지 공부했기 때문에 아침에 늦잠을 잤다.

'왜냐하면'은 이처럼 문장 중간에 놓인 '때문에'와는 짝을 이루려 하지 않는다. 따라서 '때문이다' 형태로 만들어 준다.

☞ 철수는 지각을 했다. 왜냐하면 전날 늦게까지 공부하고 아침에 늦잠을 잤기 때문이다.

더 알아보기

- 나는 그의 실패를 탓하지 않았는데 왜냐하면 그는 최선을 다했다.
→ 나는 그의 실패를 탓하지 않았는데 왜냐하면 그는 최선을 다했기 때문이다.
- 그는 이곳에 오지 않았어. 왜냐하면 그는 미국에 있어.
→ 그는 이곳에 오지 않았어. 왜냐하면 그는 미국에 있거든.

091 ♣ 우리말의 시제 표현

092 ♣ 현재형이냐 현재진행형이냐

093 ♣ 앞뒤 말의 시제가 같을 때 쓰는 '-느라고'

094 ♣ 능동형이냐 피동형이냐(1)

095 ♣ 능동형이냐 피동형이냐(2)

096 ♣ 능동문과 피동문의 차이

097 ♣ 붕괴했나 붕괴됐나

098 ♣ '-화하다'와 '-화되다'

099 ♣ 피동형 서술어를 받아들이지 못하는 문형

100 ♣ 잡은 물고기와 잡힌 물고기

101 ♣ 나무로 지은 집, 나무로 지어진 집

102 ♣ 직접 인용과 간접 인용

103 ♣ 부정문을 만들 수 없는 경우

104 ♣ 부정 표현에 사용되는 '때문에'

105 ♣ 긍정 표현에 사용되는 '…를 위해'

106 ♣ 부정문이 지닌 중의성

107 ♣ '안' 부정문, '못' 부정문

시제,
상,
부정 표현

091

우리말의 시제 표현

> • 철수는 학교에 다녔을 때부터 노래에 두각을 나타냈다.

주어인 '철수'는 이미 학교를 졸업한 상태이다. 그래서 철수의 재학 시절 이야기는 과거형으로 해야 한다고 여겨 '학교에 다녔을 때'라고 한 것이다. 하지만 이는 우리말에 영문법을 적용한 것이나 다름없다. 이 문장은 앞의 사건인 '학교에 다닌 것'과 뒤의 사건인 '노래에 두각을 나타낸 것'이 동시성을 지닌다. 그럴 때는 종결형에만 시제를 표시한다. 따라서 앞의 사건에 해당하는 '학교에 다녔을 때'는 '학교에 다닐 때'로 적는다.

> • 철수는 학교에 다니던 때부터 노래에 두각을 나타냈다.

이처럼 '다니던 때'로 표현하는 경우도 적지 않다. 이때의 '던'은 과거 진행상을 나타낸다. '떠나던 날', '비 오던 날', '호랑이 담배 먹던 시절', '노래 부르던 때' 등은 모두 진행상을 뜻한다. 그러나 위 문장은 이와 달리 단순히 과거의 어느 시점을 나타낸다. 따라서 '학교에 다니던 때'보다는 '학교에 다닐 때'가 더 어울린다.

① 그가 떠난 날 눈이 내렸다.
② 그가 떠나던 날 눈이 내렸다.

①은 단순히 그가 떠난 날의 상황을 설명하는 것이고, ②는 그가 떠나는 행위를 하던 날을 설명하는 것이다. 둘 다 가능한 표현이지만 뜻하는 바는 약간 다르다.

092

현재형이냐 현재진행형이냐

> • 하루 한 끼 이상 굶고 있는 사람이 매년 늘고 있다.

우리말은 현재형과 현재진행형을 구분하지 않고 쓸 때가 많다. 일례로 '철수가 밥을 먹는다'와 '철수가 밥을 먹고 있다'가 뚜렷한 의미의 차이를 보이지 않는다. 사용 빈도도 비슷하다. 하지만 양자를 구분해서 쓸 때도 많다. 예컨대 '좋다, 나쁘다, 즐겁다, 징그럽다' 등과 같은 심리 동사는 진행형으로 쓰이지 않는다. 반면 '증세가 호전되고 있다'처럼 일이나 동작의 진행을 나타낼 때는 진행형이 더 어울린다.

제시문의 경우 진행형 '-고 있다'가 연이어져 있다. 둘 중 하나를 달리 표현하는 게 좋거니와 이 경우에는 앞부분 '굶고 있는'을 '굶는'으로 바꾸는 게 좋다. 평소의 행위 양상을 나타낼 때는 현재형을 쓰는 게 낫기 때문이다.

① 그 사람은 아침부터 굶고 있다.
② 그 사람은 매일 아침마다 굶는다.

③ 그는 지금 열심히 공부하고 있다.

④ 그는 평소 열심히 공부한다.

①과 ③은 각각 굶는 행위와 공부하는 행위가 앞선 시점부터 지금까지 계속되고 있음을 나타낸다. 이럴 때는 진행형으로 만드는 것이 좋다. 반면 ②와 ④는 각각 평소에 아침마다 굶고, 평소에 열심히 공부함을 나타낸다. 이처럼 평소의 행위 양상을 나타낼 때는 현재형으로 만드는 것이 좋다.

제시문의 굶는 행위도 평소의 행위 양상에 해당하므로 진행형 '굶고 있는'을 현재형 '굶는'으로 바꾼다.

더 알아보기

- 그는 야구장에 자주 다니고 있다.
→ 그는 야구장에 자주 다닌다.

- 그는 평소 커피 대신 주스를 마시고 있다.
→ 그는 평소 커피 대신 주스를 마신다.

- 그는 요즘 점점 행동의 폭을 넓힌다.
→ 그는 요즘 점점 행동의 폭을 넓히고 있다.

- 저기서 나무꾼이 선녀의 옷을 훔친다.
→ 저기서 나무꾼이 선녀의 옷을 훔치고 있다.

- 북한산은 서울 시민들이 사시사철 즐겨 찾고 있는 산이다.
→ 북한산은 서울 시민들이 사시사철 즐겨 찾는 산이다.

093

앞뒤 말의 시제가 같을 때 쓰는 '-느라고'

> • 철수는 밤늦게까지 게임을 하느라고 아침에 늦잠을 잤다.

언뜻 보면 의미가 잘 통하는 것 같지만, 잘 살펴보면 논리적이지 않다. '-느라고'가 비논리를 낳은 주범이다. '-느라고'의 일반적인 용법을 살펴보자.

① 잠을 자느라고 축구 경기를 못 보았다.

'-느라고'는 앞말이 뒷말의 이유나 원인이 됨을 나타낸다. ①의 경우 잠을 잔 것이 축구 경기를 못 본 이유가 된다. 그렇게 보자면 제시문도 밤늦게까지 게임을 한 것이 늦잠을 잔 이유가 되므로 '-느라고'의 쓰임에 부합한다. 하지만 두 문장은 시점에 차이가 있다. ①의 경우 잠을 잔 시점과 축구 경기를 못 본 시점이 동일하다. '-느라고'는 이처럼 앞말의 시점과 뒷말의 시점이 동일할 때 쓴다. 그런데 제시문은 게임을 한 시점이 전날 밤이고, 늦잠을 잔 시점은 아침이다. 이처럼 시점이 다를 때는 '-느라고'를 쓸 수 없다.

② 잠을 자느라고 다음 날 녹화물로 축구 경기를 보았다.

②도 잠을 잔 시점과 축구 경기를 본 시점이 다르다. 따라서 '‐느라고'를 쓸 수 없다. 이 문장은 다음처럼 바꿀 수 있다.

☞ 잠을 자느라고 축구 경기를 못 보아서 다음날 녹화물로 보았다.

제시문의 경우 '‐느라고'를 살린다면 아래 첫 번째 수정문처럼 뒷말을 동시적인 표현으로 바꾼다. 두 번째, 세 번째 수정문처럼 '‐느라고'를 다른 말로 대체할 수도 있다.

☞ 철수는 밤늦게까지 게임을 하느라고 일찍 잠을 자지 못해 아침에 늦잠을 잤다.
☞ 철수는 밤늦게까지 게임을 하는 바람에 아침에 늦잠을 잤다.
☞ 철수는 밤늦게까지 게임을 해서 아침에 늦잠을 잤다.

094

능동형이냐 피동형이냐(1)

> ㉠ 엇갈린 주장을 펼치며 벌어지는 설전이 흥미롭다.
> ㉡ 엇갈린 주장을 펼치며 벌이는 설전이 흥미롭다.

㉠의 '벌어지는 설전'과 ㉡의 '벌이는 설전' 중에 어느 것이 옳은가. 문제를 푸는 실마리는 주어에 있다. 즉 주술 관계가 제대로 맺어져 있는지 살펴보는 것이다. 예문은 주어가 생략되었는데, 그 주어를 넣고 앞부분을 따로 떼어 내면 다음과 같다.

㉠-1 그들이 엇갈린 주장을 펼치며 벌어지는 설전.
㉡-1 그들이 엇갈린 주장을 펼치며 벌이는 설전.

㉠-1은 주술 관계만 놓고 보면 '그들이 설전이 벌어지다'가 된다. 이는 ㉡-1의 '그들이 설전을 벌이다'라는 표현과 비교하면 매우 어색하다. 나아가 '그들이 … 벌어지다'는 주어와 술어가 호응되지도 않는다. 그러므로 제시문 ㉠은 바른 표현이 될 수 없다.

접근 방식을 달리해 보자. ㉠-1은 '그들이 … 을 하며 … 이 되다' 꼴이다. 앞 절은 능동문이고 뒤 절은 피동문이어서 일관성이 없다. 주어 하나에 서술어가 여럿 딸릴 경우에는 각 서술어의 문형이 일치되어야 한다.

또 다른 각도에서 살펴보자. 이 문장은 '-(하)며'로 연결된 문장이다. '-(하)며'로 연결되는 문장은 앞뒤 절의 주어가 같아야 한다. 동시성을 나타내기 때문이다. 다음에서 이를 확인할 수 있다.

① 철수가 노래를 부르며 춤춘다.
② 철수가 노래를 부르며 영희가 춤춘다.

두 문장 중 앞뒤 절의 주어가 다른 ②는 비문이다. 주어를 달리하려면 '부르며'를 '부르고'로 바꾸어야 한다. 마찬가지로 ㉠-1도 앞 절의 주어는 '그들이'이고 뒤 절의 주어는 '설전이'이어서 비문이 된다.

 더 알아보기

- 앞서거니 뒤서거니 하면서 펼쳐지는 경기가 스릴 만점이다.
→ 앞서거니 뒤서거니 하면서 펼치는 경기가 스릴 만점이다.

- 부부가 자녀의 진학 문제를 두고 의견이 엇갈린다.
→ 부부가 자녀의 진학 문제를 두고 엇갈린 의견을 보인다.
→ 부부가 자녀의 진학 문제를 두고 의견 대립을 보이고 있다.

능동형이냐 피동형이냐(2)

> • 그들의 적극적인 캠페인을 통해 장애인에 대한 인식이 달라졌다.

이 글은 '캠페인을 통해'가 뒷말과 잘 호응되지 않는다. ' … 를 통해'는 타동사형으로서 '어떤 과정이나 경험을 거쳐'라는 의미를 지닌다. 이 경우 서술 방식이 일관성을 띠도록 뒷말도 타동사형 ' … 를 하다' 꼴로 만들어야 한다.

① - 1 나눔을 통해 봉사를 실천했다.
① - 2 나눔을 통해 봉사가 실천되었다.

② - 1 출토물을 통해 당시 생활 모습을 엿본다.
② - 2 출토물을 통해 당시 생활 모습이 엿보인다.

① - 2와 ② - 2에서 보듯 '통해' 뒤에 피동형이 오면 문맥이 틀어진다. 제시문도 뒷부분 '인식이 달라졌다'가 피동형이다 보니 '통해'와 대비를 이루지 못하는 것이다. 이 경우 뒷부분은 핵심 문장이므로 그대로 두고 앞부분 '통해'를 바꾸는 게 좋다.

☞ 그들의 적극적인 캠페인 덕분에 장애인에 대한 인식이 달라졌다.

☞ 그들의 적극적인 캠페인을 계기로 장애인에 대한 인식이 달라졌다.

'통해' 뒤에 피동형 문장이 오는 경우도 있다. 이 경우 주로 '무엇이 무엇을 통해 이루어지다' 꼴로 된다.

- 중매를 통해 두 사람이 맺어졌다.
- 제삼자를 통해 계약이 성사됐다.

더 알아보기

- 적극적인 홍보를 통해 매출이 올랐다.
→ 적극적인 홍보를 통해 매출을 늘렸다.
→ 적극적인 홍보를 한 결과 매출이 올랐다.

- 학생들은 실습을 통해 이론이 습득될 수 있다고 생각했다.
→ 학생들은 실습을 통해 이론을 습득할 수 있다고 생각했다.

096

능동문과 피동문의 차이

• 내년부터 서울시의 모든 공원에 금연 구역을 설치한다.

서울시에 출입하는 새내기 기자가 첫 문장을 이처럼 써서 송고했더니 본사의 베테랑 선배가 다음처럼 고쳤다.

☞ 내년부터 서울시의 모든 공원에 금연 구역이 설치된다.

베테랑 선배는 왜 이처럼 고쳤을까. 제시문에 주어가 없기 때문이다. 주어는 필요에 따라 생략할 수도 있지만 제시문처럼 글의 서두에 놓이는 문장에는 대부분 주어가 들어가기 마련이다. 주어를 넣는다면 우선 다음과 같은 표현을 생각해 볼 수 있다.

• 내년부터 서울시가 서울시의 모든 공원에 금연 구역을 설치한다.

그런데 이 문장은 '서울시'가 연속으로 이어지는 동어반복형이어서 세련미가 떨어진다. 이를 해소하기 위해 뒷말인 '서울시의'를 삭제하면 장소의 구체성이 떨어지게 된다. 그래서 수정문처럼 피동문으로 만든 것이다.

피동문으로 바꾼 이유는 또 있다. 일반적으로 주어는 그 글의 핵심어이다. 곧 가장 관심이 되는 말이라고 할 수 있다. 이 글의 핵심어는 '금연 구역'이지 '서울시'가 아니다. 따라서 '금연 구역'을 주어로 내세워야 더 힘이 있는 글이 된다.

황순원의 소설 '소나기'에는 '소녀가 소년에게 업히었다'라는 표현이 있다. 업은 것과 업힌 것은 다르다. '업었다'에는 업은 주체가 드러나지만 '업히었다'에는 그 주체가 드러나지 않는다. 즉 작가는 누가 업고 업히는 행위를 주도했는지 밝히지 않은 것이다. 이런 표현은 극적인 효과를 낸다.

① 엄마가 그릇에 콩을 담았다.
② 콩이 엄마에 의해 그릇에 담겼다.
③ 콩이 그릇에 담겼다.

우리말은 능동 표현이 발달했고 서양말은 수동 표현이 발달했다고 한다. 서양 수동 표현의 단적인 예는 ②와 같은 형태이다. 우리말 관련 서적들을 보면 수동 표현을 삼가자는 말들이 많은데, 이는 ②와 같은 표현을 가리킨다. 여기에 ③을 포함시켜서는 안 된다.

097

붕괴했나 붕괴됐나

> • 지진으로 도로가 붕괴했다.

　한자어에 '~하다'나 '~되다'가 붙으면 동사(또는 형용사)가 된다. 일반적으로 '~하다'가 붙은 동사는 능동성을 지니고, '~되다'가 붙은 동사는 피동성을 지닌다. 그런데 이러한 구분이 무시될 때가 있다. 예컨대 피동형 '연극이 개막되다' 대신 능동형 '연극이 개막하다'를 쓰는 것이다. 국어사전에도 '공연이 개막하다'가 예문으로 올라 있으며, 심지어 '개막하다'의 뜻풀이를 보면 '행사 따위가 시작하다. 또는 행사 따위를 시작하다'라고 되어 있다. '행사가 시작하다'와 '행사를 시작하다'를 섞어 쓰는 것이다.

　사실 '개막하다'는 조어 원리상 '막을 열다'와 '막이 열리다'라는 중의적 해석이 가능하기 때문에 능동 의미와 피동 의미 간 혼선을 야기하는 측면이 있다. 하지만 이로 인해 '{연극이/연극을} 개막하다'가 공존하고, 나아가 '연극이 {개막하다/개막되다}'가 공존하는 문제가 생긴다. 이는 표현의 정확성을 떨어뜨릴 뿐만 아니라 양자택일에 혼선을 초래하는 요인이기도 하다.

　이런 현상이 발생하는 주된 원인은 타동사로 인식되는 단어에 자동사성을 부여하기 때문이다. 예컨대 '성사하다'는 타동사형 '계약을 성사하다'로 흔히 쓰인다. 하지만 사전에서는 자동사성도 인정하여 '계약이 성사하다'라는 예문을 싣고 있다. 본래 이 단어는 타동사성이 강하기 때문에 '계약을 성사하다', '계약이 성사되다'로 실현되는 것이 상례이다.

한편 일부에서는 '～하다'와 '～되다'가 두루 쓰일 바에는 굳이 피동형 '～되다'를 쓸 필요가 없다고 주장하기도 한다. 그 같은 주장이 힘을 받아 '건물이 손상했다', '작품성이 결여했다'와 같은 표현이 점점 세력을 얻어 가기도 한다.

물론 '재발하다/재발되다', '탈락하다/탈락되다', '해당하다/해당되다', '전환하다/전환되다' 등처럼 두 표현이 대등한 경쟁력을 지니는 경우도 없지 않지만, 대개는 경쟁의 우열이 갈린다. 그 갈림점을 찾는 기준 가운데 하나는 주어의 자발성 혹은 동작성이다. 예컨대 '경기가 종료했다'는 '경기가 종료됐다'로 표현하는 것이 일반적인데, 이는 '경기'가 자발성, 동작성을 지니지 못하기 때문이다. 제시문도 도로가 자발적으로 붕괴하는 것이 아니라 외부의 힘에 의해 무너지는 상태로 나아가는 것이기 때문에 '붕괴됐다'로 표현하는 것이 일반적이다.

반면 '비행기'는 '추락했다'를 택하게 되는데, 이는 비행기가 자발적으로 떨어지는 행위를 하기 때문이다.

더 알아보기

- 새 역사가 시작했다.
→ 새 역사가 시작됐다.

- 그의 목표가 좌절했다.
→ 그의 목표가 좌절됐다.

'-화하다'와 '-화되다'

> • 새 경영 방식이 구체화했다.

　요즘 '-화하다'와 '-화되다'가 세력 경쟁을 벌이는 중이다. 학자에 따라서는 '-화되다'라는 표현을 버려야 한다고 주장하기도 한다. '화(化)'가 '되다'라는 뜻을 지니므로 여기에 '되다'가 덧붙으면 의미가 중복된다는 이유에서다. 하지만 이 주장은 타당성이 떨어진다. '되다'는 명사를 피동의 뜻을 지닌 동사로 만드는 말, 곧 문법적 기능을 하는 말이기 때문에 '화'가 지닌 '되다'와는 성격이 다르다. '화'가 지닌 '되다'는 '변화하다'라는 의미 자질만 가진다. '-화되다'라는 표현을 버려서는 안 되는 또 다른 이유를 문장 분석을 통해 알아보자.

　① 서울시가 지난달 이곳을 공원화했다.
　② 이곳이 지난달 서울시에 의해 공원화됐다.

　①은 능동문이다. 이 문장에서 서술어로 쓰인 '공원화하다'는 목적어를 지니는 타동사이다. 이 문장을 피동문으로 만들면 ②가 된다. 이때 타동사 '공원화하다'는 피동형 '공원화되다'로 바뀌게 되는데 이는

우리말의 특성에서 기인한다.

일반적으로 2음절 명사 뒤에 '-화하다'가 붙은 '○○화하다'는 '○○으로 만들다'라는 의미를 지닌다. '공원화하다'는 '공원으로 만들다', '지하화하다'는 '지하 형태로 만들다', '영화화하다'는 '영화로 만들다'라는 뜻이다. 이런 말은 대개 목적어를 지닌다. 즉 타동사가 된다. 이는 1음절 명사 뒤에 '~화하다'가 붙은 '○화하다'가 대개 '○으로 변하다'라는 의미를 지니는 것과는 대조적이다. 예컨대 '퇴화하다'는 '후퇴 쪽으로 나아가다'라는 뜻으로서 자동사 개념이 강하다. 이로써 볼 때 '○○화하다'가 피동형으로 쓰일 때 '○○화되다'로 실현되는 것은 자연스러운 현상이라고 할 수 있다.

제시문의 '새 경영 방식이 구체화했다'는 국어사전에 나오는 예문이다. 하지만 이 문장은 '그 회사는 새 경영 방식을 구체화했다'를 피동문으로 바꾼 것으로 볼 수 있다. 그렇다면 서술어는 '구체화됐다'가 되어야 더 자연스럽게 느껴진다.

 더 알아보기

- 우리나라 산업은 1970년대부터 근대화했다.
→ 우리나라 산업은 1970년대부터 근대화됐다.

- 이 소설이 영화화한 것은 1970년 무렵이다.
→ 이 소설이 영화화된 것은 1970년 무렵이다.

099

피동형 서술어를 받아들이지 못하는 문형

> • 사랑한다는 이유로 간섭이 더 심해졌다.

이 문장은 앞말인 '사랑한다는 이유로'와 뒷말인 '간섭이 심해졌다'가 잘 호응되지 않는다. 다음처럼 뒷말을 타동사문으로 만들어야 한다.

☞ 사랑한다는 이유로 더 심하게 간섭했다.

호응되지 않는 이유가 뭘까. 부사어 '이유로'가 '이유를 들어'라는 의미로 쓰였다는 점에 주목하자. 이런 의미로 쓰일 때는 흔히 다음 문형이 생겨난다.

> • (누가) 어떤 이유를 들어 무엇을 어찌하다.

이 문형의 특징은 문두의 주어가 문장 전체의 주어가 된다는 것이다. 다시 말하면 주어 하나가 술어 두 개를 거느리게 된다. 이 경우 앞뒤 서술어는 형태가 동일하다. 즉 앞말 '이유를 들어'가 타동사형이므로 뒷말도 타동사형이 된다.

만약 '이유로'가 '이유를 들어'가 아닌 '이유 때문에'라는 의미로 쓰였다면, 문장 중간에 다른 주어가 놓일 수 있다. 아래 문장이 그러한 예이며, 이 경우 뒷말을 타동사문으로 만들지 않아도 된다.

- (그는) 공부를 잘한다는 이유로 반장이 되었다.

이와 비슷한 문형으로 '… 를 두고', '… 를 놓고' 등이 있는데, 이들 문장 역시 중간에 주어가 바뀌면 불안정해진다.

- 한 여자를 두고 두 남자의 다툼이 시작됐다.
☞ 한 여자를 두고 두 남자가 다투기 시작했다.(=두 남자가 한 여자를 두고 다투기 시작했다.)

- 성과연봉제를 놓고 노사의 대립이 심하다.
☞ 성과연봉제를 놓고 노사가 심하게 대립한다.(=노사가 성과연봉제를 놓고 심하게 대립한다.)

100

잡은 물고기와 잡힌 물고기

> • 오전부터 치르는 시험은 오후까지 이어진다.

능동형 '치르는'으로 할 것인가, 피동형 '치러지는'으로 할 것인가. 옳고 그름을 떠나 더 자연스러운 문장을 고르라면 '치러지는'을 택한다. 왜냐하면 이 문장은 '시험은'을 주어로 하는 다음 두 문장이 합쳐진 것으로 볼 수 있기 때문이다.

㉠ 시험은 오전부터 치러진다.
㉡ 시험은 오후까지 이어진다.
㉠ + ㉡ 오전부터 치러지는 시험은 오후까지 이어진다.

물론 '치르는'도 못 쓸 건 아니다. 이 경우에는 관형절의 주어 '우리가'가 생략된 형태로 볼 수 있기 때문이다. 다만 '치러지는'에 비해 덜 안정적일 뿐이다. 예컨대 다음 두 문장은 어느 쪽이 더 선호된다고 단정하기 어려울 만큼 대등적인 사용 빈도를 보인다.

① 잡은 물고기가 몇 마리냐?

② 잡힌 물고기가 몇 마리냐?

하지만 더 문법적인 것은 ②이며, ①은 구어체 등에서 예외적으로 쓰인다고 보는 게 타당하다. 제시문을 ①처럼 쓸 경우 다음처럼 주어를 밝혀 주는 게 좋다.

☞ 우리가 오전부터 치르는 시험은 오후까지 이어진다.

 더 알아보기

- 1971년 출시한 새우깡은 지금까지 꾸준히 인기를 얻고 있다.
- → 1971년 출시된 새우깡은 지금까지 꾸준히 인기를 얻고 있다.
- → 그 회사가 1971년 출시한 새우깡은 지금까지 꾸준히 인기를 얻고 있다.

- 새우깡은 1971년 출시한 이후 지금까지 꾸준히 인기를 얻고 있다.
- → 새우깡은 1971년 출시된 이후 지금까지 꾸준히 인기를 얻고 있다.
- → 새우깡은 그 회사가 1971년 출시한 이후 지금까지 꾸준히 인기를 얻고 있다.

- 아티스트라고 부르는 많은 사람들이 방종에 가까운 생활을 한다.
- → 아티스트라고 불리는 많은 사람들이 방종에 가까운 생활을 한다.

- 그는 우승할 것으로 예상했지만 아쉽게 준우승했다.
- → 그는 우승할 것으로 예상됐지만 아쉽게 준우승했다.
- → 그는 사람들이 우승할 것으로 예상했지만 아쉽게 준우승했다.

101

나무로 지은 집, 나무로 지어진 집

- 일본에는 나무로 지어진 집이 많다.

조사 '로'가 재료나 도구를 나타낼 때는 대개 '(무엇을) 가지고'라는 능동형 의미를 갖는다. 예컨대 '칼로 두부를 자르다', '콩으로 메주를 쑤다' 등의 표현에서 '칼로'는 '칼을 가지고', '콩으로'는 '콩을 가지고'라는 의미를 지닌다. 이 때문에 '자르다', '쑤다' 등의 능동형 서술어와 잘 결합한다. 이는 반대로 '칼로 두부가 잘라졌다'나 '콩으로 메주가 쑤어졌다'와 같은 피동형 문장으로는 잘 실현되지 않음을 뜻하기도 한다. 따라서 제시문의 '나무로 지어진 집'은 '나무로 지은 집'으로 표현하는 게 더 낫다.

 더 알아보기

- 손으로 만들어진 부채
→ 손으로 만든 부채

- 피땀 어린 노력으로 일구어진 승리
→ 피땀 어린 노력으로 일군 승리

102

직접 인용과 간접 인용

> • 피는 물보다 진하다라는 말은 사실인 것 같다.

'피는 물보다 진하다'라는 속담을 인용한 문장인데, 직접인용도 아니고 간접인용도 아닌, 어정쩡한 인용 형태이다.

① '피는 물보다 진하다'라는 말은 사실인 것 같다.
② 피는 물보다 진하다는 말은 사실인 것 같다.

직접 인용문은 ①처럼 인용 부분을 따옴표로 싼 뒤 '-라고/-라는' 등으로 연결하고, 간접 인용문은 ②처럼 따옴표 없이 인용 부분을 '-고/-는'으로 직접 연결한다. ①의 경우 인용부 뒤에는 마침표를 넣는 게 원칙이지만 넣지 않는 것도 허용된다(국립국어원 2015년 개정).

> • 대통령은 "모든 책임이 나에게 있다"고 말했다.

신문 등의 언론 매체에서는 직접 인용을 나타낼 때도 이처럼 '-라고'가 아닌 '-고'를 많이 쓴다. 이는 신문이 구어체 문장을 지향하기 때문이다. 구어체는 직접 인용문과 어울리지 않기 때문에 간접 인용문의 틀을 빌린 것이다. 일부 국어학자는 이를 규범 위배로 보기도 하는데, 그보다는 구어체와 문어체의 성격 차이가 반영된 것으로 보는 것이 합리적이다.

103

부정문을 만들 수 없는 경우

- 태극 낭자들이 놀라운 활약을 펼치며 국민들의 기대를 저버리지 않았다.

'그는 이번에도 실패했다'와 '그는 이번에도 성공을 하지 못했다'는 같은 말이다. 그런데 양자는 약간의 의미 차이를 보인다. 전자는 '실패' 쪽에 관심이 가고, 후자는 '성공' 쪽에 관심이 가 있다. 실패를 책망할 때는 전자의 표현이 적절하고, 성공하지 못한 데 따른 안타까움을 표현할 때는 후자의 표현이 적절해 보인다.

  ① - 1 태극 낭자들이 국민의 기대에 부응해 주었다.
  ① - 2 태극 낭자들이 국민의 기대를 저버리지 않았다.

위의 두 예문도 뜻은 같지만, 표현 의도는 약간 다르다. ① - 1은 관심의 초점이 '기대에 부응하느냐의 여부'에 있고, ① - 2는 관심의 초점이 '기대를 저버리느냐의 여부'에 있다. 그런데 ① - 2의 '기대를 저버리지 않았다'라는 표현엔 행위 주체의 '의지'가 담겨 있다. 즉 태극 낭자들의 심리적인 측면이 부각된 것이다. 이런 표현은 글맛을 살리는 효과가 있다.

제시문은 이런 효과를 노리고 서술부를 '기대에 부응하다' 대신 '기대를 저버리지 않다'로 표현한 것이지만, 오히려 문맥이 흐트러지는 결과를 낳고 말았다. 그 까닭은 중간에 들어 있는 부사절 '놀라운 활약을 펼치며'에서 찾을 수 있다. 이 말은 아래 예문에서 보듯 부정문을 이끌기 어렵다.

②-1 더 크게 짖으며 대들었다.
②-2 더 크게 짖으며 물러서려고 하지 않았다.

③-1 그 회사에 들어가면서 취업에 성공했다.
③-2 그 회사에 들어가면서 취업에 실패하지 않았다.

위의 예문에서 보듯 ' … 하며'는 ' … 하다'라는 긍정문과는 잘 결합하고, ' … 하지 않다'라는 부정문과는 잘 결합하지 않는다. 따라서 제시문도 다음처럼 긍정문으로 만들어 준다.

☞ 태극 낭자들이 놀라운 활약을 펼치며 국민들의 기대에 부응했다.

104

부정 표현에 사용되는 '때문에'

- 그는 친구 때문에 가까스로 살아 돌아왔다.

이유를 나타내는 '때문에'는 아래처럼 긍정 표현과 부정 표현에 두루 쓰인다.

① - 1 공부를 열심히 했기 때문에 합격했다.
① - 2 공부를 안 했기 때문에 불합격했다.

그런데 사람과 관련된 표현에서는 부정적인 의미를 나타낸다. 긍정적인 표현에 사용하면 어색하게 느껴지는 것이다.

② - 1 철수 때문에 실패했어.
② - 2 철수 때문에 성공했어.

② - 2는 '철수 덕분에 성공했어'로 표현해야 자연스럽다. 따라서 제시문 역시 '그는 친구 덕분에 가까스로 살아 돌아왔다'로 바꾼다.
한편 '때문에'는 '탓에'로 바꿀 수 있지만, 사람 뒤에는 '탓에'가 오기

어렵다. ④ - 2가 그러한 예이다.

 ③ - 1 공부를 안 했기 때문에 불합격했다.
 ③ - 2 공부를 안 한 탓에 불합격했다.

 ④ - 1 철수 때문에 실패했어.
 ④ - 2 철수 탓에 실패했어.

 이 밖에 ' - 는 통에'도 부정의 의미를 나타내는 말에 쓰인다. ⑤ - 2 처럼 쓸 수는 없다.

 ⑤ - 1 친구들이 웃고 떠드는 통에 공부를 못 했다.
 ⑤ - 2 친구들이 웃고 떠드는 통에 즐거운 시간을 보냈다.

105

긍정 표현에 사용되는 '…를 위해'

> ㉠ 조국을 위해 이 한 목숨 기꺼이 바치자.
> ㉡ 멋진 내일을 위해 오늘도 최선을 다하자.
> ㉢ 보들보들한 얼굴을 위해 로션을 바르자.
> ㉣ 죽어 가는 지구를 위해 쓰레기부터 줍자.

위의 네 문장에는 모두 '… 를 위해'라는 표현이 들어 있다. 'A를 위해 B를 하자'라는 청유형 문장이다. 그런데 의미상 명쾌하지 않은 표현이 있다.

우선 ㉢의 '보들보들한 얼굴을 위해'가 걸린다. 본래는 '보들보들한 얼굴을 만들기 위해'라는 뜻을 나타내고자 한 것이다. 그런데 의도와 달리 '보들보들한 현재의 얼굴을 위해'라고 해석될 수 있다. 이는 예컨대 '돈을 많이 벌기 위해 열심히 일하자'라고 할 말을 '많은 돈을 위해 열심히 일하자'라고 한 것과 다를 바 없다. 물론 이 경우에는 행간의 의미를 읽겠지만 정확성은 떨어진다.

㉣도 의미의 완성도가 떨어진다. '죽어 가는 지구를 위해'란 '회복 불가능한 지구를 위해'라는 뜻과 같다. 그런 지구를 위해 쓰레기를 줍는 건 적절하지 않다. 따라서 쓰레기를 줍는 의미 있는 행위를 하고자 한

다면 지구 자체를 '회복 가능한 지구'로 변화시켜야 한다. 즉 '죽어 가는 지구를 살리기 위해'로 해야 한다.

물론 '죽어가는 지구를 위해'를 쓸 때도 있다. '죽어 가는 지구를 위해 묵념하자'와 같은 예이다. 즉 '지구가 죽어 간다'라는 사실을 당위적으로, 덤덤하게 받아들이고 그에 순응하는 반응을 나타낼 때 이 같은 표현을 쓸 수 있다. '죽어 가는 지구를 (애도하기) 위해 쓰레기라도 하나 주워 주자'라는 표현도 가능하겠다.

106

부정문이 지닌 중의성

> • 철수는 밥을 먹고 학교에 가지 않았다.

제시문은 철수가 밥을 먹었다는 것인지 안 먹었다는 것인지 헷갈린다. 이 문장은 'A하고 B하지 않았다' 꼴의 부정문인데, 이 문형은 A라는 행위의 실행 여부가 확실히 드러나지 않기 때문에 의미의 정확성이 떨어진다.

> • 그의 희생은 아름답고 무의미하지 않다.

이 문장은 '그의 희생은 아름답다'와 '그 희생은 무의미하지 않다'를 하나로 묶은 것이다. 그러나 앞 문장은 의도와 달리 '그의 희생은 아름답지 않다'는 쪽으로 읽히게 된다. '아름답고'의 ' - 고'가 뒷말과 직접 결합하려는 특성이 있어서 '아름답고 무의미하지'가 하나의 의미 단위가 되어 '않다'와 결합하려 하기 때문이다.

> • 그의 희생은 아름답고, 무의미하지 않다.

이처럼 쉼표를 넣으면 '아름답지 않다'로 읽히지는 않지만, 역시 깔끔한 표현이라고 보기는 어렵다. ' - 고'는 대등적인 말을 연결하는데, 이 문장은 앞말은 긍정 표현, 뒷말은 부정 표현이어서 대등적이지 않기 때문이다. 이 경우에는 문장의 틀을 바꿀 필요가 있다.

☞ 그의 희생은 아름답다. 결코 무의미하지 않다.
☞ 그의 희생은 아름답고 충분히 의미가 있다.

 더 알아보기

• 남성성의 가치를 회복하고 여자들에게 편리한 남자가 되지 마라.
→ 남성성의 가치를 회복하라. 그리고 여자들에게 편리한 남자가 되지 마라.

• 이 시스템은 효율적이고 낭비적인 요소가 없다.
→ 이 시스템은 효율적일뿐더러 낭비적인 요소가 없다.

'안' 부정문, '못' 부정문

> • 이 세상에 안 아름다운 꽃은 없다.

　서술어가 동사나 형용사일 때는 서술어 앞에 '안'을 붙이거나 서술어 뒤에 '- 지 않다'를 붙여 부정문을 만든다. '밥을 안 먹는다'와 '밥을 먹지 않는다'가 그러한 예이다. '안'이 붙은 것을 짧은 부정문이라 하고, '- 지 않다'가 붙은 것을 긴 부정문이라 한다. 그런데 서술어의 종류에 따라서는 '안' 부정문을 받아들이지 못하는 경우가 있다. 예컨대 '안 추천하다', '안 새파랗다', '안 학생답다', '안 본받다' 등의 표현은 성립하기 어렵다. 이밖에 '안 이사하다', '안 아름답다', '안 이루어지다' 등도 각각 '이사하지 않다', '아름답지 않다', '이루어지지 않다'로 표현해야 부드럽게 읽힌다. 서술어가 파생어이거나 합성어일 때, 글자 수가 3~4개 이상일 때 '안'이 쓰이지 못하는 경우가 많다. 제시문도 '이 세상에 아름답지 않은 꽃은 없다'로 표현하는 게 적절하다.

　한편, 서술어 앞에 '못'을 붙여 부정문을 만드는 경우에도 이와 마찬가지 문제가 생긴다. 따라서 '못 똑똑하다', '못 점잖다', '못 넉넉하다' 등을 버리고 '똑똑하지 못하다', '점잖지 못하다', '넉넉하지 못하다' 등을 택한다.

108 ♣ 밥값, 술값, 밥·술값

109 ♣ '의'를 넣지 말아야 하는 경우

110 ♣ '의'를 넣어야 하는 경우⑴

111 ♣ '의'를 넣어야 하는 경우⑵

112 ♣ 생략할 수 없는 주어⑴

113 ♣ 생략할 수 없는 주어⑵

114 ♣ 생략할 수 없는 주어⑶

115 ♣ 생략할 수 없는 목적어⑴

116 ♣ 생략할 수 없는 목적어⑵

117 ♣ 생략할 수 없는 관형어

118 ♣ 생략할 수 없는 부사어⑴

119 ♣ 생략할 수 없는 부사어⑵

120 ♣ 조사 '이/가'를 생략하면

121 ♣ '해서 안 된다'와 '해서는 안 된다'

PART
09

단어,
문장성분의
생략

밥값, 술값, 밥·술값

- 현금을 적게 내거나, 훼손·반쪽 지폐로 지불하는 행위

부정 승차 행위를 막기 위해 시내버스 안에 써 붙인 문구이다. 이런 문구는 핵심어만 간추려 짧게 써야 눈에 잘 들어온다. 그런데 간결성만 추구하다 보면 의미 전달력이 떨어질 수 있다. '훼손·반쪽 지폐'가 그런 예이다. '국어 시험, 수학 시험'을 '국어·수학 시험'으로 줄여 적듯이 '훼손 지폐, 반쪽 지폐'를 이처럼 줄인 것인데 '훼손·반쪽'이 어울리는 짝이 아니어서 어색하다. 이때는 '훼손 지폐, 반쪽 지폐'로 풀어 주는 것이 낫다.

'밥값, 술값'을 '밥·술값'으로 줄여 적기 어려운 것도 '밥·술'이 어울리는 짝이 아니기 때문이다. 다만 어울림의 판단 기준은 사람마다 다를 수 있다. 예컨대 '전기·수도 요금'이란 표현의 수용 정도는 사람에 따라 다를 것이다.

'의'를 넣지 말아야 하는 경우

> • 실업률이 늘어나자 정부가 일자리의 창출에 팔을 걷어붙였다.

체언과 체언이 수식 관계로 이어질 때 조사 '의'를 넣을 수도 있고 뺄 수도 있는데, 그것을 결정하는 기준은 양자의 결합 유형에 따른다. 예컨대 '그녀의 아름다움(그녀가 아름답다)', '친구의 도움(친구가 돕다)' 등처럼 주술 구조로 이어질 때는 '의'를 넣으면 자연스럽다. 그러나 '군비 감축(군비를 감축하다)', '상장 수여(상장을 수여하다)' 등처럼 목술 구조로 이어질 때는 '의'를 넣으면 부자연스럽다. 제시문의 '일자리의 창출'은 목술 구조이므로 '의'를 넣지 말아야 한다.

 더 알아보기

- 미국에는 장애인의 지원을 위한 법률이 잘 갖추어져 있다.
- → 미국에는 장애인 지원을 위한 법률이 잘 갖추어져 있다.

- 목적의 달성을 위해서는 더욱 열심히 노력해야 한다.
- → 목적 달성을 위해서는 더욱 열심히 노력해야 한다.

'의'를 넣어야 하는 경우(1)

> • 이것은 현대인 건강에 획기적인 제품이다.

    체언과 체언이 수식 관계로 이어질 때 '의'를 넣고 빼는 문제는 두 체언의 친밀성과도 연관된다. 예컨대 '옷 단추', '신발 끈' 등처럼 전체와 부분의 관계로 이어질 때, 즉 친밀도가 강할 때는 흔히 '의'를 생략한다. 반면 '책의 저자', '한국의 미(美)' 등처럼 친밀도가 약할 때는 '의'를 넣는다. '철의 여인' '어둠의 자식' 등처럼 비유를 나타낼 때, '서울의 대표 여행지'처럼 뒤에 오는 체언 앞에 수식어가 놓여 있을 때는 '의'를 생략하면 안 된다. 제시문의 '현대인 건강'도 '의'를 넣어 '현대인의 건강'으로 적어야 의미 구조가 명확해진다.

 더 알아보기

- 경제가 저성장 늪에 빠져 침몰 위기에 놓여 있다.
- → 경제가 저성장의 늪에 빠져 침몰 위기에 놓여 있다.

- 노인 인구가 전체 30%에 달한다.
- → 노인 인구가 전체의 30%에 달한다.

'의'를 넣어야 하는 경우(2)

- 어린이 경우 부모의 지도가 필요하다.

글에도 경제성의 원리가 적용된다. 같은 의미라면 간결한 쪽을 택하려는 것이다. '나의 집'을 '내 집'으로, '하여'를 '해'로 줄여 쓰는 것도 그런 이유 때문일 것이다.

제시문의 '어린이 경우'도 간결성을 추구하고자 '의'를 생략한 것이다. 하지만 이는 일반적인 표현과는 거리가 있다. '경우'는 대개 관형어 뒤에 붙는다. '… 하는 경우', '… 할 경우', '… 일 경우', '… 인 경우' '… 의 경우' 등으로 실현된다. 제시문은 '경우'가 명사 뒤에 바로 붙었는데 이런 예는 찾아보기가 어렵다.

한편, 명사 뒤에 바로 붙지 못하는 말에는 의존명사 '것'도 있다. '마실 것', '먹을 것', '저기 보이는 것', '나의 것' '아무개의 것' 등으로 실현된다. 간혹 '(이 책은) 언니 것이다' 식으로 '것'이 명사 바로 뒤에 붙기도 하지만 이때도 '언니의 것이다'가 더 자연스럽다.

- 인문계 경우 사탐의 비중이 높다.

→ 인문계의 경우 사탐의 비중이 높다.

- 1년 만기 경우 이자율이 1%밖에 안 된다.

→ 1년 만기일 경우 이자율이 1%밖에 안 된다.

생략할 수 없는 주어(1)

> • 우리가 사는 아파트 입구에는 경비실이 있어서 출입을 엄격히 통
> 제하고 있다.

우리말은 주어를 생략해서 쓰는 경우가 많다. 주어가 없어도 의미가
잘 통하면 그 주어를 생략하는 것이다.

① (나는) 추워서 문을 닫았다.
② (너는) 뭐하니?
③ (그가) 때리면 (나는) 맞으리.

①~③에서 괄호 속의 주어는 생략하는 게 보통이다. 그렇지만 다음
문장은 괄호 속의 주어를 생략하면 허전해 보인다.

④ 서울엔 백화점이 많은데 (그 백화점에서는) 비싼 물건을 많이 판다.

앞의 주어는 '백화점이'인데 뒤의 주어는 '백화점에서는'이다. 이처
럼 주어가 일치하지 않을 때는 각각의 주어를 다 밝혀 주는 게 좋다.

⑤ 북극에는 곰이 사는데 (그 곰이) 사람을 보면 도망간다.

⑥ 북극에는 곰이 사는데 (그 곰이) 요즘 지구 온난화 때문에 어려움을 겪고 있다.

두 문장 모두 앞뒤 문장의 주어가 같다. 그런데 ⑤는 괄호 속 주어를 생략해도 되는 반면 ⑥은 생략하기가 곤란하다. ⑤의 경우 앞뒤 문장 모두 곰에 대해 설명하는 내용이다. 반면 ⑥은 앞 문장은 곰에 대해 설명하고 있고, 뒤 문장은 곰이 처한 환경에 대해 설명하고 있다. 즉 ⑥은 화제의 초점이 이동했다. 이처럼 화제가 옮겨갈 때는 주어가 들어 있는 문장으로 만들어 주는 게 좋다. 제시문도 다음처럼 바꾸면 문맥이 더 잘 통한다.

☞ 우리가 사는 아파트 입구에는 경비실이 있어서 그곳에서 출입을 엄격히 통제한다.

☞ 우리가 사는 아파트 입구에는 경비실이 있어서 경비원이 출입을 엄격히 통제한다.

 더 알아보기

- 현대 사회에서는 알게 모르게 사람들과 협동을 하면서 살아간다.
- → 현대 사회에서는 알게 모르게 사람들이 협동을 하면서 살아간다.
- → 현대 사회에서는 알게 모르게 사람들끼리 협동을 하면서 살아

간다.

- 옛날 어느 마을에 나무꾼이 살았는데 어느 날 깊은 산속에 가서 나무를 한 지게 해 왔지.

→ 옛날 어느 마을에 나무꾼이 살았는데 어느 날 그 나무꾼이 깊은 산속에 가서 나무를 한 지게 해 왔지.

113

생략할 수 없는 주어(2)

- 각 기업체에 따르면 올해 신입 사원을 많이 뽑기로 했다.

신문을 보다 보면 간혹 이런 형태의 글을 접하게 된다. 주어가 없는 불완전한 문장이다. 주어를 넣으면 다음과 같은 문장이 된다.

☞ 각 기업체에 따르면 기업체들은 올해 신입 사원을 많이 뽑기로 했다.

그런데 이 문장은 '기업체에 따르면 기업체들은'이란 표현이 동어 반복형이어서 비경제적이다. 그 때문에 주어를 생략한 것인데, 이 형태에서는 주어가 없으면 비문이 된다.

동어 반복을 피하기 위하여 다음처럼 유사어로 대체하는 방법을 생각해 보자.

☞ 각 기업체에 따르면 회사마다 올해 신입 사원을 많이 뽑기로 했다.

이렇게 바꾸면 원문보다는 부드럽게 읽히지만 '기업체'와 '회사'의 관계가 모호해 의미의 혼선을 초래하기 쉽다. 바람직한 대안은 무엇일까. 이 상황에서는 '각 기업체에 따르면'이란 표현이 적절치 않다. 이 표현은 주로 'A에 따르면 B가 어찌하다'의 문형으로 실현된다. A와 B가 서로 다른 것이다. 그런데 제시문은 'A에 따르면 A가 어찌하다'의 문형이어서 근본적인 문제를 낳는다. 이 표현을 삭제하거나 다른 문장에 녹여 내는 방법을 택하는 게 좋다.

114

생략할 수 없는 주어(3)

- 철수는 이번 시험에서 1등을 했다고 말했다.

제시문은 아래의 직접 인용문을 간접 인용문으로 바꾼 것이다.

- 철수는 "이번 시험에서 1등을 했다"라고 말했다.

그런데 이 직접 인용문의 인용절에 주어가 없다. 누가 1등을 했는지 알 수 없는 것이다. 만약 철수가 1등을 했다면 "내가 이번 시험에서 1등을 했다"로 해야 한다. 그리고 이것을 간접 인용문으로 바꿀 때는 다음처럼 '내가'를 '자기가'로 바꾼다.

☞ 철수는 이번 시험에서 자기가 1등을 했다고 말했다.

요컨대 간접 인용문 내의 인용절은 독립된 문장이므로 자체적으로 주어와 술어가 갖추어져야 한다.

더 알아보기

- 그 회사는 이번 브랜드 평가에서 1위를 했다고 밝혔다.
→ 그 회사는 이번 브랜드 평가에서 자사가 1위를 했다고 밝혔다.

- 그는 늘 세상에서 제일 잘난 사람이라고 말한다.
→ 그는 늘 자기가 세상에서 제일 잘난 사람이라고 말한다.

생략할 수 없는 목적어(1)

> • 점심엔 역 근처에서 한식으로 먹었다.

서술어 '먹었다'는 타동사이기 때문에 목적어를 취해야 하는데 제시문엔 목적어가 없다. '점심'이나 '한식' 중에 하나를 목적어 형태로 만들어 온전한 타동사문을 만들어 준다.

① 점심엔 역 근처에서 한식을 먹었다.
② 점심은 역 근처에서 한식으로 먹었다.

참고로 ②의 '점심은'은 주어가 아니라 목적어이다. 이 문장의 주어는 '우리는' 정도가 될 수 있으며 이는 생략되었다.

 더 알아보기

· 여자이기 때문에 일이 힘들었거나 못했던 적은 없다.
→ 여자이기 때문에 일이 힘들었거나 일을 못했던 적은 없다.

- 시청에서는 쓰레기 매립장에 오염 방지 시설을 설치한 후 공원으로 만들었다.
→ 시청에서는 쓰레기 매립장에 오염 방지 시설을 설치한 후 그곳을 공원으로 만들었다.

116

생략할 수 없는 목적어(2)

> • 한국과 일본이 우승컵을 놓고 대결하여 한국이 차지했다.

　이 문장은 '한국과 일본이 우승컵을 놓고 대결하여 한국이 그 우승컵을 차지했다'로 표현하면 문법적인 구문이 된다. 그런데 목적어 '우승컵을'이 앞뒤 절에 연이어 놓은 것이 껄끄럽기는 하다. 그래서 뒤 절의 목적어를 생략한 것이다. 하지만 이는 바른 문장이 될 수 없다. 목적어 '우승컵을'은 앞 절 '놓다'의 목적어일 뿐 뒤 절 '차지하다'의 목적어노릇까지 하지는 않는다. 아래 첫 번째 수정문처럼 뒤 절에도 목적어를 넣든가 두 번째 수정문처럼 문형을 달리해야 한다.

　☞ 한국과 일본이 우승컵을 놓고 대결하여 한국이 그 컵을 차지했다.
　☞ 한국이 일본과 우승컵을 놓고 대결하여 승리했다.

더 알아보기

　• 여야가 소득세법을 두고 줄다리기를 한 끝에 본회의에서 처리

하기로 합의했다.

→ 여야가 소득세법을 두고 줄다리기를 한 끝에 본회의에서 이를 처리하기로 합의했다.

• 그가 나라를 위해 목숨을 바친 것은 사랑하기 때문이었다.

→ 그가 나라를 위해 목숨을 바친 것은 나라를 사랑하기 때문이었다.

생략할 수 없는 관형어

- 철수는 영희에게서 입원 소식을 들었다.

뭔가 허전하다. 누가 입원했다는 것인지 알 수 없기 때문이다. 만약 순이가 입원했다면 '순이의 입원 소식'이라고 밝힌다. 이때의 '순이의'는 관형어인데, 관형어가 없어도 문장은 성립하지만 온전한 의미를 담지는 못한다.

- 우리는 부모님의 생각과 다르다는 것을 말할 수도 있고, 말을 듣지 않을 수도 있지 않나요?

이 문장도 누구의 말을 안 듣는다는 것인지가 드러나지 않았다. 행간의 의미를 읽으면 당연히 '부모님의 말'이 되지만, 문법에서 요구하는 필수 성분이므로 구체적으로 적시해야 한다. 앞에 제시된 '부모님의'는 뒤에 이어지는 '생각'만 수식하기 때문에 '말'을 수식하는 '부모님의'를 따로 세워야 하는 것이다.

☞ 우리는 부모님의 생각과 다르다는 것을 말할 수도 있고, 부모님의 말을 듣지 않을 수도 있지 않나요?

생략할 수 없는 부사어(1)

- 철수는 영희를 좋아해서 꽃을 주었다.

부사어는 문장에서 반드시 필요한 성분은 아니다. 그러나 어떤 서술어는 부사어를 필수 성분으로 요구하기도 한다. '그 사람은 (대전에) 산다', '그 여자는 (엄마와) 닮았다', '그는 손을 (호주머니에) 넣었다' 등에서 서술어 '살다', '닮다', '넣다' 등은 괄호 안에 들어 있는 부사어를 필히 요구한다. 이때 괄호 안의 말을 필수적 부사어라고 한다.

제시문의 '주다'도 '누구에게'라는 필수적 부사어를 요구한다. '영희'가 중복되어 조금 껄끄럽기는 하지만 다음처럼 필수 부사어를 넣어 온전한 문장으로 만들어야 한다.

☞ 철수는 영희를 좋아해서 영희에게 꽃을 주었다.

더 알아보기

- 나와 자연의 관계를 알고 자연을 이용하며 조화롭게 살기 위해 노력하겠습니다.

→ 나와 자연의 관계를 알고 자연을 이용하며 자연과 조화롭게 살기 위해 노력하겠습니다.

- 그는 맞은 적이 있기 때문에 선생을 무서워했다.
→ 그는 선생에게 맞은 적이 있기 때문에 선생을 무서워했다.

생략할 수 없는 부사어(2)

> ㉠ 직원들의 도덕적 해이가 심각한 것으로 나타났다.
>
> ㉡ 직원들의 도덕적 해이가 만연한 것으로 나타났다.

㉠은 자연스럽고 ㉡은 부자연스럽다. ㉡은 왜 부자연스러울까.

'철수가 책을 읽는다'에서 '책을'을 생략하면 문맥이 안 통한다. '읽는다'가 목적어를 필요로 하는 말이기 때문이다. '철수가 영희에게 꽃을 주었다'에서 '영희에게'를 생략해도 문맥이 안 통한다. '주었다'가 '누구에게'라는 부사어를 필수적으로 요구하기 때문이다.

㉡의 서술어 '만연하다'는 '어디에 무엇이 만연하다' 꼴로 쓰여야 안정적이다. 원문은 이 중 '어디에'가 빠졌기 때문에 어색하게 느껴지는 것이다. 서술부를 살려 쓰고자 한다면 다음처럼 바꾸는 방법을 고려한다.

☞ 직원들 사이에 도덕적 해이가 만연한 것으로 나타났다.

조사 '이/가'를 생략하면

• 그는 한국 국적을 포기한 적 없다고 말했다.

신문의 제목에서는 예컨대 "한국 국적 포기한 적 없다" 식으로 조사를 생략하는 편이다. 조사를 넣지 않아도 의미가 잘 통하며, 일견 간결한 느낌도 든다. 하지만 일반 글에서는 조사를 충실히 넣어 준다.

① 철수 거기를 왜 갔지?

①은 '철수가 거기를 왜 갔지'로 해야 한다. 철수가 주어인 것은 분명하지만 그래도 주어임을 나타내는 조사 '가'가 붙지 않으면 어색하다. 이때의 조사 '가'는 강조의 의미도 지닌다.

② - 1 나는 너를 포기한 적이 없어.
② - 2 나는 너를 포기한 적 없어.

두 문장은 구어체이다. 구어체는 간결할수록 뜻이 잘 전달되기 때문에 조사를 생략할 때가 많다. 두 문장은 주격조사 '이'가 들어간 문장과

들어가지 않은 문장을 예로 든 것인데, 둘 다 자연스럽게 느껴진다. '이'가 들어간 ②-1은 '적'을 강조하는 느낌이 들고, '이'가 생략된 ②-2는 간결한 느낌이 든다.

③-1 그는 한국 국적을 포기한 적이 없다.
③-2 그는 한국 국적을 포기한 적 없다.

두 문장은 문어체이다. 문어체는 문장의 완성도를 고려하여 웬만하면 조사를 다 넣는다. 조사를 생략하면 다소 어색하게 느껴지기도 한다. ③-2는 ③-1에 비해 부자연스럽다.

 더 알아보기

- 사람들은 악어의 눈물을 본 적 없다.
→ 사람들은 악어의 눈물을 본 적이 없다.

- 이 책은 도대체 재미없다.
→ 이 책은 도대체 재미가 없다.

121

'해서 안 된다'와
'해서는 안 된다'

- 체벌은 결코 해서 안 된다.

이 문장은 '체벌은 결코 해서는 안 된다'라는 문장에서 '해서는'의 '는'을 생략한 것이다. '체벌은 … 해서는'이 조사 '은/는'의 중복을 초래하기 때문이다. 또 한 음절이라도 줄여 표현을 간략히 하고자 한 의도도 있다. 하지만 이 표현은 의미의 왜곡을 초래할 수 있다.

'해서 안 된다'와 '해서는 안 된다'는 의미가 전혀 다르다. '해서 안 된다'는 '하기 때문에 안 된다'라는 뜻이다. 즉 이유나 근거를 뜻한다. 반면 '해서는 안 된다'는 '하면 안 된다'라는 뜻이다. 이때는 금지를 뜻한다.

- 모국어를 소홀히 대접해서 안 된다.

이 문장은 '모국어를 소홀히 대접하면 안 된다'라는 본래 의도와 달리 '모국어를 소홀히 대접하기 때문에 안 된다'라는 의미로 읽힌다. 조사 '는'의 쓰임을 간과한 채 '대접해서는'을 '대접해서'로 줄였기 때문이다.

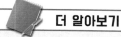

- 이런 고통을 조금이라도 안다면 방관해서 안 된다.
→ 이런 고통을 조금이라도 안다면 방관해서는 안 된다.

- 정책이나 군사(軍事)는 실험해서 안 된다.
→ 정책이나 군사(軍事)는 실험해서는 안 된다.

- 네 도움 없이 아무것도 안 된다.
→ 네 도움 없이는 아무것도 안 된다.

122 ♣ 겹말 어디까지

123 ♣ 사족 표현⑴…중언부언, 군더더기

124 ♣ 사족 표현⑵…계륵

125 ♣ 주술 동어 반복

126 ♣ 동일 서술 형태의 반복⑴

127 ♣ 동일 서술 형태의 반복⑵

128 ♣ 연이어진 두 문장 속 동어 반복

129 ♣ 동어 반복이 능사일 때도 있다

130 ♣ 동어 반복, 자연스러움과 어색함의 경계

131 ♣ 동어 반복을 피할 때 주의할 점

132 ♣ 과장 표현

133 ♣ '들'을 붙이지 않는 경우

134 ♣ '것이다'를 남용하지 말자

135 ♣ 접속어 중복을 피하자

PART
10

겹말,
중복,
군더더기

겹말 어디까지

> • 그는 주로 역사책을 자주 애독한다.

'그는 열심히 공부에 열중했다'라는 표현을 보자. '열심히 열중했다'가 어색함을 준다. '열중(熱中)하다'의 '열(熱)'에 '열심히'라는 뜻이 있어서 같은 말이 겹쳤기 때문이다. 이를 겹말이라 한다. 겹말을 피해 '열심히 공부했다'로 표현하는 게 좋다.

표현이 겹친다고 해서 늘 어색한 것은 아니다. '처갓집'은 '처가(妻家)'의 '가(家)'가 집을 뜻하므로 '집'이라는 말이 반복됐지만 '처가'보다 더 많은 사용자층을 가지고 있다. '집'이라는 단어를 덧붙여 '처가'의 의미를 더 명확히 하려는 심리 때문일 것이다. 그래도 '악취 냄새'는 '악취'나 '고약한 냄새'로, '돈을 송금하다'는 '돈을 보내다'나 '송금하다'로 쓰는 게 좋다.

제시문도 의미가 겹치는 곳이 있어서 불안정해 보인다. '주로'와 '자주'와 '애독하다'의 '애(愛)'가 그것이다. '주로 읽다'와 '자주 읽다'와 '즐겨 읽다'는 의미가 조금씩 다르지만 크게 보면 '애독한다'라는 뜻에서 벗어나지 않기 때문에 일종의 겹말로 볼 수 있다.

겹말(겹치기 표현)에 대해서는 논란이 많다. 어떤 이는 절대 피해야 한다고 하고, 어떤 이는 일부는 허용할 여지가 있다고 한다. 또 이어령 같은 이는 "황토흙, 처갓집, 동해바다 등과 같은 표현이야말로 살아 있는 한국어"라고 주장했다. 처갓집과 동해바다는 '한자말 + 우리말'의 용법으로 확인과 강조의 의미가 있다는 것이다.

기실 '처갓집'의 경우 '가'와 '집'이 같은 의미를 갖지만 주된 의미 기능을 하는 것은 '집'이고 '가'는 보조적인 기능을 할 뿐이다. 그런 점에서 '집'은 강조 또는 확인의 기능을 한다고 볼 수 있다. 그런데 이와는 다른 형태인 '10여년 이상'이란 표현을 보자. 이 경우 '여'와 '이상'이 비슷한 비중의 의미 기능을 한다. 이는 우리의 일상 표현에서 '10여명'과 '10명 이상'이 공존하는 것을 보아도 알 수 있다. 그렇기 때문에 이 표현은 의미의 중복이 현저하게 느껴진다. 이런 표현은 피하는 게 좋다.

123

사족 표현(1)

… 중언부언, 군더더기

> • 성실이란 의미 있는 것을 이루기 위해 정성과 최선을 다해 애써 노력하는 것을 뜻한다.

세상엔 말로 다 표현할 수 없는 게 많다. 사람의 마음도 그중 하나이다. 특히 마음의 진정성까지 말로 확보하는 일은 거의 불가능하다. 그래서 예컨대 간단히 '좋아한다'라고 하면 될 것을 '진짜 좋아한다'로 덧칠하고, 그것도 부족한 듯 '진짜, 정말, 거짓말 하나 안 보태고 좋아한다'라고 개칠한다.

그런데 '진짜'와 '정말'과 '거짓말 하나 안 보태서'는 결국 같은 말이다. 셋 중 어느 하나만 있으면 된다. 나머지는 사족인 셈이다. 하지만 그 나머지 말도 문장 내에서 나름의 기능을 한다. 강조의 기능이다. 따라서 무조건 사족으로만 몰고 갈 일은 아니고, 글의 성격에 따라 용인할지 말지 판단해야 할 것이다. 예컨대 가벼운 대화체 문장에서는 이런 표현이 글의 맛을 살릴 수도 있다. 하지만 간결성을 추구하는 설명문 등에서는 아무래도 사족의 오명에서 벗어나기 어렵다.

제시문에서 중언부언에 해당하는 것은 '정성'과 '최선', 그리고 '최선을 다해'와 '애써'이다. 즉 원문의 '정성과 최선을 다해'는 '정성을 다하고 최선을 다해'가 줄어든 형태인데 정성을 다하는 것이 곧 최선을 다하는 것이다. 또 '최선을 다해 노력한다'와 '애써 노력한다'도 같은 말을 표현만 바꾼 것이다. 다음처럼 표현하면 간결하고 짜임새 있게 된다.

> ☞ 성실이란 의미 있는 것을 이루기 위해 정성을 다해 노력하는 것을 뜻한다.

일상의 표현에서 중언부언이나 사족이 어떤 형태로 나타나는지 살펴보자.

- 지구상에서 이기적인 종족은 사라지고, 이타적인 종족은 번성하고 살아남았다.
- ☞ 지구상에서 이기적인 종족은 사라지고, 이타적인 종족은 번성했다.

'번성하다'에 '살아남다'라는 뜻이 담겨 있다. 따라서 두 단어를 대등적으로 연결하기는 어렵다. '살아남아 번성했다'라고 할 수는 있겠다.

- 소득이 있어야 가족들이 살아가는 데 필요하거나 원하는 것을 살 수 있다.
- ☞ 소득이 있어야 가족들이 살아가는 데 필요한 것을 살 수 있다.
- ☞ 소득이 있어야 가족들이 원하는 것을 살 수 있다.

'필요한 것'과 '원하는 것'은 같은 개념이다. 글쓴이는 '필요한 것'을 상품으로 보고, '원하는 것'은 상품 이외의 서비스로 보아 양자를 구분한 듯한데, 이 글 자체로는 그렇게 구분되어 읽히지 않는다.

- 귀양살이 중에도 늘 열성적으로 학문을 연마하며 열심히 공부를 하였다.
- ☞ 귀양살이 중에도 늘 열성적으로 학문을 연마했다.

'열성적으로 학문을 연구하며'와 '열심히 공부하였다'는 결국 같은 말이므로 '… 하며'로 연결하기 어렵다. '열성적으로 학문을 연마했다' 정도로만 표현해도 충분하다. 그 안에 '열심히 공부를 하였다'라는 의미가 담겨 있다.

- 약속을 저버리지 않고 지키면 신뢰가 쌓인다.
- ☞ 약속을 잘 지키면 신뢰가 쌓인다.
- ☞ 약속을 저버리지 않으면 신뢰가 쌓인다.

'약속을 저버리지 않는 것'과 '약속을 지키는 것'은 같은 말이다. 둘 중 하나만 선택해서 쓰면 된다.

124

사족 표현(2)
… 계륵

- 세계의 여러 나라에서 우리 지역으로 외국인이 들어오면 어떤 점이 좋을까.

글을 쓰다 보면 꼭 넣고 싶은 말이 있는데 넣을 자리가 마땅치 않을 때가 있다. 계륵인 셈인데, 그걸 버리지 못하고 어디엔가 쑤셔 넣으면 사족이 되기 십상이다. 제시문의 '외국인이'가 그에 해당한다. 이는 '세계 여러 나라에서 … (사람이) 들어오면'이라는 표현에 녹아들어 있는 말이다. '돈 많은 사람'을 '돈 많은 부자'라고 표현한 것과 같다.

☞ 세계의 여러 나라 사람들이 우리 지역으로 들어오면 어떤 점이 좋을까.

이처럼 '외국인'이란 표현을 과감히 버린다. 굳이 '외국인'을 넣고자 한다면 '세계 여러 나라 … '를 버려야 할 것이다. 이 경우 '세계 각지의 외국인이 우리 지역으로 들어오면'으로 시작하는 글을 만들 수 있겠다.

- 현재 남아 있는 인쇄된 책 중에서 가장 오래된 금속 활자본은

《직지심체요절》이다.

☞ 현재 남아 있는 책 중에서 가장 오래된 금속 활자본은 《직지심체
요절》이다.

'금속활자본'이라는 말에 '인쇄된 책'이라는 의미가 담겨 있다.

125

주술 동어 반복

• 그 땅은 조상들이 피땀 흘려 일구어 놓은 땅이다.

이 문장은 '땅은 … 땅이다'의 구성을 보인다. 주술 동어 반복형이다.
① '이 시계는 비싼 시계다'나 ② '이 돈은 무서운 돈이다' 등도 같은 형
태인데, 어법적으로 문제가 없지만 같은 말이 반복되기 때문에 낭비적
인 측면이 있다. 동어 반복을 피하는 방법으로 ①은 '이 시계는 비싸다'
로 바꾸면 되지만 ②는 '이 돈은 무섭다'로 바꿀 수 없다. 그렇다고 '이
것은 무서운 돈이다'나 '이 돈은 무서운 것이다'로 바꾼들 원문의 의도
를 충실히 반영하지는 못한다. 따라서 이 같은 주술 동어 반복형 문장
은 대안적인 표현이 신통치 않을 경우 그대로 두는 것이 좋다. 한편, 제
시문은 서술어 '땅이다'를 '것이다'로 바꿀 수 있어 보인다.

더 알아보기

• 다음 과제는 지금까지 제시된 것보다 훨씬 어려운 과제이다.
→ 다음 과제는 지금까지 제시된 것보다 훨씬 어렵다.

- 그 부족은 서로 어울리기보다는 혼자 살기를 좋아하는 부족이었다.
→ 그 부족의 사람들은 서로 어울리기보다는 혼자 살기를 좋아하였다.

- 발해 사람들은 고구려 사람들과 마찬가지로 불교를 믿는 사람들이 많았다.
→ 발해 사람들은 고구려 사람들과 마찬가지로 불교를 많이 믿었다.

126

동일 서술 형태의 반복(1)

> • 그 회사는 기술력이 뛰어난 곳으로, 성장 가능성이 매우 높은 곳이다.

이 문장은 '… 곳으로 … 곳이다'의 형태로서, 앞뒤 문장의 서술어가 동일하다.

동어 반복을 없애자면 인수분해를 한다. 예컨대 '중국은 땅덩이가 큰 나라이고, 인구도 많은 나라이다'라는 표현은 '중국은 땅덩이가 크고 인구도 많은 나라이다'로 줄일 수 있다. 그런데 제시문은 인수분해가 한 가지 방법으로 똑 떨어지지 않는다. 조사 '로'를 연결어미로 바꾸어야 하는데, 어떤 연결어미를 쓰느냐에 따라서 글의 의미도 달라진다.

☞ ① 그 회사는 기술력이 뛰어나고, 성장 가능성이 매우 높은 곳이다.
☞ ② 그 회사는 기술력이 뛰어난, 성장 가능성이 매우 높은 곳이다.
☞ ③ 그 회사는 기술력이 뛰어나, 성장 가능성이 매우 높은 곳이다.
☞ ④ 그 회사는 기술력이 뛰어난 곳으로, 성장 가능성이 매우 높다.

①~③은 인수분해한 문장이고, ④는 앞뒤 절의 서술 방식을 달리한 것이다. 그중 ①은 원문의 의도가 제대로 반영되지 않았다. 원문은 '기술력이 뛰어나기 때문에 성장 가능성이 높다'는 뜻으로서 앞말이 뒷말의 이유를 나타내는데, 이 문장은 앞뒤 말이 대등적인 관계로 되어 있다. ②는 수식어가 연이어 나오므로 바람직하지 않다. 그런 점을 고려하면 ③과 ④가 무난해 보인다.

그런데 한 가지 의문점이 있다. 앞뒤 문장의 서술 형태가 같으면 늘 어색함을 자아내는가. 그렇지는 않다. 다음의 예는 동어 반복이 일종의 운율 효과를 준다. 오히려 권장되는 표현이다.

- 짜장면은 나도 좋아하는 음식이고, 너도 좋아하는 음식이다.
- 그는 만인이 사랑하는 사람이고, 만인이 존경하는 사람이다.

 더 알아보기

- 하얼빈은 김일성이 빨치산 운동을 하던 곳으로, 그가 생전에 공산주의 운동의 거점으로 생각했던 곳이라고 한다.
- → 하얼빈은 김일성이 빨치산 운동을 하던 곳으로, 그는 생전에 이곳을 공산주의 운동의 거점으로 생각했었다고 한다.

127

동일 서술 형태의 반복(2)

- 자녀가 게임을 오래 하도록 내버려 두어선 안 된다. 아이는 자제력이 없기 때문에 게임에 중독되기 쉽기 때문이다.

두 번째 문장의 ' … 때문에 … 때문이다'가 걸림돌이다. 같은 말이 반복될 뿐만 아니라 인과 관계의 구문이 연이어져 문맥이 흐트러지는 문제도 안고 있다.

☞ ① 아이는 자제력이 없으므로 자칫 게임에 중독되기 쉽기 때문이다.

앞의 '때문에'를 같은 의미 기능을 하는 ' - 므로'로 바꾸어 보았다. 이 경우 동어 반복은 해소되지만 인과관계의 구문이 연이어지는 문제는 계속 남는다. 결국 ' … 때문에 … 때문이다'와 다를 바 없는 표현이 되고 마는 것이다.

☞ ② 아이는 자제력이 없어서 자칫 게임에 중독되기 쉽기 때문이다.

이번에는 '때문에'를 비슷한 의미 기능을 하는 ' - (아/어)서'로 바꾸어 보았다. 이 경우 '때문에'보다는 인과 관계의 끈이 약해서 ①보다는 어색함이 덜하다. 차선책으로 이 방법을 추천할 만하다. 이 밖에 다음 표현도 생각해 볼 만하다.

☞ ③ 아이는 자제력이 없기 때문에 자칫 게임에 중독되기 쉽다.

한편, 서술어가 아니어도 같은 말이 반복되면 어색하기 마련이다.

- 그동안 매도에 나선 외국인이 오늘도 매도에 나섰다.
☞ 그동안 매도로 일관하던 외국인이 오늘도 매도에 나섰다.

- 신제품에 대한 소비자들의 반응에 대해 논의했다.
☞ 신제품에 대한 소비자들의 반응을 두고 논의했다.

- 태어날 때부터 예쁜 얼굴을 갖고 태어나는 사람이 있다.
☞ 태어날 때부터 얼굴이 예쁜 사람이 있다.

- 서울, 부산 등의 대도시와 의정부, 파주 등의 중소도시 등 크고 작은 도시들이 포함된다.
☞ 서울, 부산 같은 대도시와 의정부, 파주 같은 중소도시 등 크고 작은 도시들이 포함된다.
☞ 서울, 부산 등의 대도시와 의정부, 파주 등의 중소도시들이 두루 포함된다.

- 통상 4분기에는 재고 조정이 나타나기 때문에 관련주들의 변동성이 크게 나타난다.

→ 통상 4분기에는 재고 조정이 이루어지기 때문에 관련주들의 변동성이 크게 나타난다.

- 좋은 관계를 맺기 위해 협약을 맺었다.

→ 좋은 관계를 형성하기 위해 협약을 맺었다.

→ 좋은 관계를 맺기 위해 협약을 체결했다.

- 이웃을 위한 삶을 실천한 그의 삶을 엿볼 수 있다.

→ 이웃을 위한 삶을 실천한 그의 모습을 엿볼 수 있다.

128

연이어진 두 문장 속 동어 반복

> • 철수는 내 친구다. 철수는 우리 옆집에 산다.

주어는 문장을 이루는 기본 요소이지만 생략되는 경우도 있다. 문맥으로 보아 주어가 나타나지 않아도 그 주어가 무엇인지 알 수 있을 때에는 주어를 생략할 수 있다. 특히 제시문처럼 연속되는 두 문장의 주어가 같으면 어색하게 느껴지기도 한다. 이 경우에는 뒤에 나오는 문장의 주어를 생략하거나 대명사로 대체한다.

☞ 철수는 내 친구다. 우리 옆집에 산다.
☞ 철수는 내 친구다. 그는 우리 옆집에 산다.

그런데 주어가 각기 다른 격으로 쓰였을 때는 생략하기 어렵다.

① - 1 철수가 나를 보고 웃었다. 철수는 내 친구다.
① - 2 철수가 나를 보고 웃었다. 내 친구다.

① - 1을 보면, 앞 문장의 주어는 '철수가'이고 뒤 문장의 주어는 '철

수는'이다. 또 앞 문장은 행위를 서술하는 '무엇이 어찌하다' 꼴이고, 뒤 문장은 동격을 나타내는 '무엇은 무엇이다' 꼴이다. 이처럼 앞 문장의 주어와 뒤 문장의 주어가 이질적일 때에는 뒤 문장의 주어를 생략하기 어렵다. ① - 2에서 확인할 수 있듯이 온전한 문장이 되지 않기 때문이다. 단, 이 경우에도 동어 반복을 피하기 위해 대명사로 대체하는 게 좋다.

☞ 철수가 나를 보고 웃었다. 그는 내 친구다.

마찬가지로 위의 제시문도 대명사를 넣어 '철수는 내 친구다. 그는 우리 옆집에 산다'로 한다.

한편, 앞 문장의 특정 구절을 뒤 문장에서 그대로 받는 것도 좋지 않다.

② 아저씨가 동네에 작은 가게를 냈다. 작은 가게는 장사가 잘되었다.

☞ 아저씨가 동네에 작은 가게를 냈다. 그 가게는 장사가 잘되었다.

③ 우리는 생활 속에서 여러 가지 건축물들을 볼 수 있다. 생활 속의 여러 가지 건축물들은 서로 형태가 같기도 하고 전혀 다르기도 하다.

☞ 우리는 생활 속에서 여러 가지 건축물들을 볼 수 있다. 그것들은 서로 형태가 같기도 하고 전혀 다르기도 하다.

129

동어 반복이 능사일 때도 있다

> • 사랑은 아파서, 이별은 슬프기 때문에 싫어.

좋은 글이 되기 위한 요건 중 하나가 같은 단어나 같은 표현의 반복을 피하는 것이다. '업무 효율성을 높여 생산력을 높였다'라는 표현을 보면 '높이다'라는 서술어가 반복되어 나타난다. 이 경우 뒷말을 '생산성을 향상시켰다'로 바꾸어 표현에 변화를 주는 게 좋다. 그런데 때로는 동어 반복 표현이 더 맛날 때가 있다. 다음 표현을 보자.

① 사랑은 아파서, 이별은 슬퍼서 싫어.

원문을 이렇게 바꾸고 보니 훨씬 읽기가 편하다. 이 문장의 '… 해서 … 해서'는 피해야 할 동어 반복이 아니라 글맛이 더 살아나는 동어 반복이다.

② 사랑은 아파서 싫고, 이별은 슬퍼서 안 좋아.

이 문장도 동어 반복을 피하고자 한 의도가 엿보이다. 그래선지 어색함이 흠뻑 묻어난다. 오히려 동어 반복 효과를 노려 '사랑은 아파서 싫고, 이별은 슬퍼서 싫어'라고 하면 앞뒤 절이 대비를 이루어 시적인 표현이 된다.

③ - 1 아이구 머리야. 문제를 해결하는 게 아니라 문제를 만드는 구나.

③ - 2 아이구 머리야. 문제를 해결하는 게 아니라 만드는구나.

③ - 1은 목적어 '문제를'이 반복되었고, ③ - 2는 반복된 목적어 중 하나가 생략됐다. 그런데 ③ - 1이 더 와 닿는다. 이 경우에는 '문제를' 을 강조하는 효과가 있다.

130

동어 반복, 자연스러움과 어색함의 경계

> • 비싼 물건이라도 질이 좋은 물건이면 잘 팔린다.

같은 말을 반복하는 것은 언어 경제적으로도 바람직하지 않다. '저 콩깍지는 깐 콩깍지야 안 깐 콩깍지야'라는 표현은 '저 콩깍지는 깐 거야 안 깐 거야'보다 비경제적이다. 물론 '국민의, 국민에 의한, 국민을 위한 …'처럼 문장에서 꼭 필요한 말은 몇 번이라도 반복해야 할 것이다.

제시문은 '물건'이란 단어가 중복되었는데 중언부언한 느낌이 든다. 다음처럼 고치면 깔끔하다.

☞ 비싼 물건이라도 질이 좋으면 잘 팔린다.

그런데, 이 문장을 다음처럼 표현하면 어떨까.

☞ 비싼 물건이라도 그 물건의 질이 좋으면 잘 팔린다.

이 문장은 위의 고침 문장에 '그 물건의'가 생략되었다고 보고 이 말을 도로 집어넣은 것이다. 이 경우에도 '물건'이 중복되기는 하지만, 그 중복이 원문만큼 어색함을 주지는 않는다. '그 물건의'가 '질'만 따로 수식하면서 제 기능을 충실히 하기 때문이다.

이번에는 이 문장을 조금 비틀어 보자.

☞ 싼 물건이고 질이 좋은 물건이면 잘 팔린다.

이 문장 역시 '물건'이 중복된다. '싸고 질이 좋은 물건이면 잘 팔린다'로 줄일 수 있지만 그냥 두어도 크게 어색하지는 않다. 연결어미 '-고'로 이어지는 앞뒤 말이 대구로 되어 있기 때문이다.

더 알아보기

- 접근성이 좋은 상가라 하더라도 눈에 잘 안 띄는 상가이면 투자하지 마라.
- → 접근성이 좋은 상가라 하더라도 눈에 잘 안 띄는 곳에 있으면 투자하지 마라.
- → 접근성이 좋더라도 눈에 잘 안 띄는 곳에 있는 상가라면 투자하지 마라.

131

동어 반복을 피할 때 주의할 점

> • 배 고프면 밥을 먹고 졸리면 잠을 자야 한다.

앞뒤 절의 서술어가 같은 형태를 띨 경우 흔히 인수분해를 통해 간결하게 표현한다.

① - 1 공부할 때는 정신을 집중해야 하고 잡념을 버려야 한다.
① - 2 공부할 때는 정신을 집중하고 잡념을 버려야 한다.

① - 1은 '… 해야 하다'가 반복되었다. 글이 늘어지는 느낌을 준다. ① - 2처럼 인수분해를 하면 간결해진다. 하지만 인수분해가 만능은 아니다. 인수분해를 하면 오히려 어색해질 때도 있다. 제시문의 경우 '밥을 먹어야 하고 … 잠을 자야 한다'를 '밥을 먹고 … 잠을 자야 한다'로 인수분해한 것이다. 따라서 '밥을 먹고' 뒤를 잠시 끊어 읽어야 하지만, 자칫 끊어 읽지 않아 '밥을 먹고 나서 졸리면 잠을 자라'라는 의미로 받아들일 수도 있는 것이다. 이럴 때는 인수분해를 하지 않는 편이 낫다.

② - 1 철수는 엄마의 어깨를 주무르고, 영희는 아빠의 어깨를 주무른다.

② - 2 철수는 엄마의, 영희는 아빠의 어깨를 주무른다.

③ - 1 나는 너를 좋아하고, 너는 나를 좋아하잖니.

③ - 2 나는 너를, 너는 나를 좋아하잖니.

② - 2는 공통부분인 '어깨를 주무르다'의 반복을 피한 것이지만 ② - 1과 비교하면 매우 불안정하다. '목적어 + 서술어'를 통째로 인수분해했기 때문이 아닌가 싶다. ③의 경우 또박또박 말하는 것이 일종의 강조 효과를 보이기 때문에 ③ - 2보다는 ③ - 1이 선호된다.

132

과장 표현

> • 베이징의 황사가 심각한 수준을 넘어섰다고 한다.

　'간이 콩알만 해졌다/산더미 같은 파도' 등은 과장된 표현이긴 하지만 양해된 과장이다. 이와 달리 양해되기 어려운 뻥튀기 식 과장이 있다. 원문의 '심각한 수준을 넘어섰다'도 그중 하나이다. '심각한 수준'이라고 표현해도 충분하다.

　한편, '심각한 수준을 넘어 위험한 수준'이라는 표현은 어떨까. 이역시 지나친 과장이다. '심각한 수준'을 넘으면 '위험한 수준'이 되는 것인지부터가 의문이다.

> • 가정주부가 하는 일은 대단히 중요하고 힘도 들어서 결코 직장에서 돈을 버는 것만 못하지 않다.

　'가정주부가 하는 일은 대단히 힘이 든다'라는 명제는 참이 되기 어렵다. 힘든 일도 있지만 힘이 들지 않는 일도 있기 때문이다. 그런 점에서 '대단히' 역시 과장된 표현에 해당한다.

- 고용은 국민의 삶과 가장 직결돼 있는 중요한 경제지표다.

'직결되다'를 강조할 목적으로 수식어 '가장'을 앞에 내세웠다. 하지만 '직결되다'는 정도를 나타내는 '많이'나 '가장' 등의 말과는 결합하기 어렵다. 힘주어 말하려다 비문을 만든 셈이다.

 더 알아보기

- 지난달 소비자물가가 3년 만에 가장 큰 폭으로 급등했다.
→ 지난달 소비자물가가 3년 만에 가장 큰 폭으로 올랐다.

- 취업하기가 하늘의 별 따기보다 어렵다고 한다.
→ 취업하기가 하늘의 별 따기라고 한다.

- 그 사건에 대해서는 냉철한 분석이 더욱 필요하다.
→ 그 사건에 대해서는 냉철한 분석이 필요하다.

133

'들'을 붙이지 않는 경우

• 여러 사람들이 모여들었다.

영어는 복수 표현이 발달해 있지만 우리말은 그렇지 않다. 예컨대 영어식으로는 '책들이 많다'라고 하지만 우리말은 '책이 많다'라고 한다. 즉 우리말은 문장 속에 복수임을 알 수 있는 표현이 들어 있으면 따로 '들'을 붙이지 않는다. 제시문도 '사람들이'를 '사람이'로 바꾸어야 우리말다운 표현이 된다.

그렇다면 이 경우 '들'을 붙여서는 안 되는가. 우리말다움이 덜할 뿐 문법적으로 틀렸다고 볼 수는 없다. 또 이런 번역투 표현을 타 문화 흡수 차원으로 볼 수도 있다. 사회가 복잡해진 현대에는 언어도 좀 더 정확히 표현할 필요가 있게 되고, 이에 따라 영어처럼 복수임을 확실히 밝히려는 심리가 작용할 수 있다. 다만 아직까지는 '들'이 없어야 더 자연스럽다.

- 공원에 놀이 기구들이 많다.
→ 공원에 놀이 기구가 많다.

- 옛날에 발생한 사건들을 다 기억하기는 어렵다.
→ 옛날에 발생한 사건을 다 기억하기는 어렵다.

- 이 성벽은 돌들을 차곡차곡 쌓아서 만들었다.
→ 이 성벽은 돌을 차곡차곡 쌓아서 만들었다.

134

'것이다'를 남용하지 말자

> • 그가 그 문제를 명쾌하게 해결할 것으로 예상되는 것이다.

고등국어 교과서의 '문장 다듬기'에 나오는 예문이다. 사람들은 말 끝마다 '것이다'를 덧붙이는 경향이 있는데, 이는 잘못된 언어 습관이 므로 버려야 한다는 취지에서 이 예문을 내세웠다. 즉 '예상되는 것 이다'를 '예상된다'로 하면 문장이 더 깔끔하다는 것이다. 기실 이렇 게 고치면 '… 것으로 … 것이다'라는 동어 반복도 해소할 수 있게 된다.

그런데 한 가지 의문이 생긴다. 그렇게 고쳐도 글의 본래 의도는 살 아 있게 되는 것인가. 의미가 변하지는 않는가.

"어, 철수가 자고 있네."
"아니야. 졸고 있는 거야(것이야)."

이 대화의 두 번째 문장을 "아니야. 졸고 있어."라고 해도 되겠다. 그래도 왠지 "졸고 있는 거야."가 나아 보인다. 둘의 차이는 무엇일까? 이 차이점을 알아보기에 앞서, 좀 긴 예문을 하나 들어보자.

{ 민족 문화의 전통은 부단한 창조 활동 속에서 이어 온 **것이다.** 따라서 … 민족 문화의 전통은 형상화된 물건에서 받은 **것도** 있지만, 한편 창조적 정신 그 자체에도 있는 **것이다.** 이러한 의미에서, 민족 문화의 전통을 무시한다는 **것은** … 편견에 지나지 않을 **것이다.** 따라서, 첫머리에서 제기한 **것과** 같이, 민족 문화의 전통을 계승하자는 것이 국수주의나 배타주의가 될 수는 없다. 오히려, 왕성한 창조적 정신은 선진 문화 섭취에 인색하지 않을 **것이다.** 다만, 새로운 민족 문화의 창조가 단순한 과거의 묵수가 아닌 **것과** 마찬가지로, 또 단순한 외래 문화의 모방도 아닐 **것임은** 스스로 명백한 일이다. 외래 문화도 새로운 문화의 창조에 이바지함으로써 뜻이 있는 **것이고,** 그러함으로써 비로소 민족 문화의 전통을 더욱 빛낼 수가 있는 **것이다.** }

(이기백, 「민족 문화의 전통과 계승」)

역시 고등학교 국어 교과서에 나오는 글이다. 총 6개 문장 중 5개가 '것이다'로 끝난다. 문장 중간에도 '것'이 6군데나 있어 '것'이 문장마다 평균 2개씩 사용된 셈이다. 이처럼 '것이다'가 군말처럼 쓰이는 경우가 많다 보니 일부에서는 '것이다'에 대한 알레르기가 나타나기도 한다. 심한 경우 '것이다'는 대충 삭제해도 된다고 말하기도 한다.

① 그게 바로 그 사람의 능력이다.

② 그게 바로 그 사람의 능력인 것이다.

실제로 우리는 ①과 ②의 의미 차이를 잘 구별하지 못한다. 많은 사람들은 양자가 같은 뜻이라고 여겨 표현이 늘어지는 ②를 버리고 ①을 택하라고 권하기도 한다. 하지만 엄밀히 따지면 ②는 ①을 강조한 표현이다. 구어체로 하면 '그게 바로 그 사람의 능력이란 말이야'라는 뜻이다.

'것이다'가 '강조'의 기능만 하는 것은 아니다. 부연 설명하거나 이유를 나타낼 때도 쓰인다. '차가 멈췄다. 고장 난 것이다'의 '것이다'는 부연 설명을 나타내고, '철수는 속이 탔다. 아직도 영희가 오지 않은 것이다'의 '것이다'는 이유를 나타낸다. 이 밖에 확신이나 소신을 나타내기도 한다. '담배는 해로운 것이다', '이 제품은 인기를 끌 것이다' 등이 그런 예이다.

이처럼 '것이다'는 나름의 기능을 하므로 무심코 삭제할 일은 아니다. 다만 앞말을 강조할 필요가 없고, 확신이나 소신을 나타낼 필요가 없는데도 습관적으로 '것이다'를 쓰는 경우가 많다. 앞의 예문 '담배는 해로운 것이다'도 '담배는 해롭다'로 표현하면 충분하다. '부패는 사라져야 한다'를 '부패는 사라져야 할 것이다'로 표현하면 오히려 확신이나 소신이 없어 보이기도 한다.

이 밖에 제시문처럼 '것이다'를 연이어 쓰는 것도 피할 일이다. 이 문장은 '것이다'가 부연 설명하는 기능을 하지만 이를 무시하고 '예상된다'로 맺으면 간결하고 힘도 있다.

- 추우면 몸을 움츠리는 것이 당연한 것인데도 그런 행동을 나무랐다.
→ 추우면 몸을 움츠리는 것이 당연한데도 그런 행동을 나무란다.

- 나의 선택이 올바른 것인지 검토해 보자.
→ 나의 선택이 올바른지 검토해 보자.

135

접속어 중복을 피하자

> • 어제는 눈이 왔다. 그래서 길이 미끄러웠다. 그래서 밖에 나가지 않았다.

앞 문장을 받아서 뒤 문장을 이어 줄 때에는 '그러나', '그리고', '그런데' 등과 같은 접속어를 사용한다. 하지만 제시문처럼 같은 접속어를 연이어 사용하면 글의 구성이 산만한 느낌을 준다.

① 어제는 눈이 왔다. 그래서 길이 미끄러워서 밖에 나가지 않았다.
② 어제는 눈이 와서 길이 미끄러워서 밖에 나가지 않았다.

그렇다고 ①이나 ②처럼 표현한들 문제점이 해결되지는 않는다. ②는 한 문장에 같은 연결어미가 중첩된 형태여서 연결어미끼리 음의 충돌을 빚을 뿐만 아니라 글이 늘어진다.

③ 어제는 눈이 와서 길이 미끄러웠다. 그래서 밖에 나가지 않았다.
④ 어제는 눈이 와서 길이 미끄러웠기 때문에 밖에 나가지 않았다.

③처럼 두 문장으로 가르거나, ④처럼 한 문장으로 하되 연결어미의
중첩을 피하도록 하는 게 좋다.

더 알아보기

- 그러나 가장 한국적인 것으로 세계화할 수 있는 문화 상품이
  탄생했지만 부족한 점이 있었다.
- → 그러나 가장 한국적인 것으로 세계화할 수 있는 문화 상품이
  탄생했어도 부족한 점이 있었다.

- 하지만 그가 오기는 했지만 도움이 되지는 않았다.
- → 하지만 그가 오기는 했어도 도움이 되지는 않았다.

136 ♣ 상황에 맞는 표현

137 ♣ 성분과 성분 간 의미의 짝

138 ♣ '-적'과 '-적인'의 차이

139 ♣ 권위적이 되다

140 ♣ 위치하고 있다

141 ♣ 추운 등, 했는 등

142 ♣ '…하는 등'의 올바른 쓰임새

143 ♣ '등'으로 이어지는 앞뒤 말의 관계

144 ♣ '-하다'와 '-시키다'의 차이

145 ♣ '어떤 때'와 '어떨 때'

146 ♣ '법안이 심의 중이다'와 '법안을 심의 중이다'

147 ♣ '…중이다'와 '…중에 있다'

148 ♣ '진행 중이나'와 '진행 중이지만'

149 ♣ 경쟁력을 잃어 가는 '…임', '…함'

150 ♣ 경쟁력을 잃어 가는 '…할 시'

151 ♣ 죽기 전까지 사랑한다?

152 ♣ '…때문에…해라' 구문의 불안정성

PART

11

의미적인 것들

153 ♣ '-지에 대하여'의 남용

154 ♣ '…에 대하여'와 어울리는 서술어

155 ♣ 동사형과 어울리는 '…로 인하여', '…를 위하여'

156 ♣ '논리적이 아니다'와 '논리적이지 않다'

157 ♣ '때문'과 '까닭'의 상반된 결합력

158 ♣ 상황에 맞게 써야 하는 '…하는 가운데'

159 ♣ 상황 전개의 오류…시간에서 공간으로의 이동

160 ♣ '-ㄹ까'와 '-ㄹ까 봐'의 차이

161 ♣ '어떤 것'과 '어떻다는 것'의 차이

162 ♣ '여부'와 '유무' 가려 쓰기

136

상황에 맞는 표현

> • 우리는 찌개류를 주문했다. 남편은 주문한 음식이 맛있는지 먹는
>   데에만 정신이 팔렸다.

문장이 구조적으로 탄탄해도 내용이 부실하면 좋은 문장이 될 수 없다. 부적절한 어휘가 들어간 경우, 논리적 타당성이 결여된 경우, 논리가 비약된 경우 등이 그러한 예이다.

제시문의 둘째 문장 '주문한 음식'은 적절하게 선택된 어휘라고 보기 어렵다. 음식이 이미 식탁에 놓여 있는 상황이기 때문이다. 이 경우엔 그냥 '음식'이라고 표현하면 된다.

① 귀농은 다른 일을 하던 사람이 그 일을 그만두고 농사를 지으려고 농촌으로 돌아가는 것을 말한다.

☞ 귀농은 농촌을 떠나 살던 사람이 농사를 지으려고 농촌으로 돌아가는 것을 말한다.

'귀농'의 사전상의 뜻풀이는 ①과 같다. 그런데 '다른 일'이란 표현이 걸린다. '어떤 일'이 드러나지 않은 상황에서 '다른 일'이라고 표현했기

때문이다. 이 밖에 '농촌이 아닌 곳'에 거주한다는 사실이 전제되지 않은 상황에서 '농촌으로 돌아가다'라고 표현한 것도 논리 비약적인 느낌을 준다.

② 우리는 글 쓴 사람의 저작권을 보호해야 한다.

②에서 '저작권'의 소유자는 글 쓴 사람, 곧 남이다. 남의 소유물을 내가(우리가) 보호할 수는 없는 노릇이다. 따라서 이 경우에는 '(남의) 저작권을 보호해 주다'나 '저작권이 보호될 수 있도록 해 주다'로 표현한다.

③ 태안반도에서 유조선이 충돌한 후 원유가 바다로 흘러나온 큰 사건이 있었습니다.

관심 사항이 사건의 발생 순서라면 이처럼 '충돌한 후'로 쓸 수 있다. 하지만 글의 성격으로 보자면 사건의 발생과 그로 인한 결과가 관심 사항이므로 '충돌해'로 표현하는 것이 적절하다. '충돌한 후'는 인과관계가 약할 때 사용한다.

④ 표를 사려고 아침부터 서둘렀는데 벌써 많은 사람이 줄을 서 있었다.
☞ 표를 사려고 아침부터 서둘러서 갔는데 벌써 많은 사람이 줄을 서 있었다.

'벌서 많은 사람이 줄을 서 있더라'라는 표현은 '와서 보니'라는 말이 전제될 때 쓸 수 있다. 따라서 '서둘렀는데'를 '서둘러서 갔는데'로 표현하면 논리의 비약을 막을 수 있다.

   ⑤ 사람들이 생활에 필요한 물건을 만들어 내는 것을 생산이라고 한
      다. 또 사람들의 생활을 편리하고 즐겁게 해 주는 일도 생산 활동
      이다.

☞ 사람들이 생활에 필요한 물건을 만들어 내는 것을 생산이라고 한
    다. 또 그러한 일을 하는 일련의 행위를 생산 활동이라고 한다. 사
    람들의 생활을 편리하고 즐겁게 해 주는 일도 생산 활동이다.

☞ 사람들이 생활에 필요한 물건을 만들어 내는 것을 생산이라고 한
    다. 또 사람들의 생활을 편리하고 즐겁게 해 주는 일도 생산에 속
    한다.

앞 문장이 '생산'에 대해 설명하는 내용이다. 따라서 앞뒤 문장을
'또'로 연결하려면 뒤 문장도 '생산'에 관한 내용이 되어야 한다. 그런데
뒤 문장은 '생산'이 아닌 '생산 활동'에 대해 설명하고 있다.

137

성분과 성분 간 의미의 짝

- 가뭄으로 농산물 가격이 급증하고 있다.

'옷'은 '입다'와 짝을 이루고, '양말'은 '신다'와 짝을 이룬다. 이를 외면하고 '옷을 신다', '양말을 입다' 식으로 표현할 수는 없다. 하지만 무심코 글을 쓰다 보면 이런 오류를 범하기 쉽다. 제시문의 경우 '급증하다'는 '늘어나다'라는 뜻이므로 '가격'과는 짝을 맺기 어렵다. 가격은 '오르다'와 짝을 맺는다.

- 그녀는 아직도 앙금이 가라앉지 않았는지 여전히 뾰로통해 있다

'앙금'은 본래 가루 등이 물에 가라앉은 층을 뜻한다. '생기다', '남다' 등과 짝을 맺으며 예문처럼 '앙금이 가라앉다'라고도 표현한다. 그런데 확장된 의미인 '마음속에 남아 있는 개운치 않은 감정'이란 의미로 쓰일 때는 '앙금이 가시다'가 주로 쓰인다. 예문은 확장된 의미로 쓰였다.

· 여신 금리가 석 달 만에 증가했다.

→ 여신 금리가 석 달 만에 상승했다.

· 정부가 각종 규제를 낮추었다.

→ 정부가 각종 규제를 완화했다(풀었다).

138

'-적'과 '-적인'의 차이

> ㉠ 인적 자원이 고갈되었다.
> ㉡ 인적인 자원이 고갈되었다.

'-적'과 '-적인'은 쓰임이 비슷해서 둘 중 어느 것을 써도 무방할 때가 많지만, 상황에 따라서는 둘 중 어느 하나가 쓰임의 우위를 보이기도 한다. 제시문의 경우 ㉠의 '인적 자원'이 ㉡의 '인적인 자원'보다 더 선호된다. 다음 예문도 '-적'이 '-적인'보다 더 선호된다.

① -1 수적 열세 속에서도 경기를 승리로 이끌었다.
① -2 수적인 열세 속에서도 경기를 승리로 이끌었다.

반대로 다음 예문은 '-적인'이 '-적'보다 더 선호된다.

② -1 그는 낭비적 삶을 살다가 인생을 망쳤다.
② -2 그는 낭비적인 삶을 살다가 인생을 망쳤다.

그렇다면 '-적'과 '-적인'은 어떤 쓰임의 차이가 있을까. 다음 예문을 보자.

③ - 1 이번 선거는 민주적 절차에 의해 치러졌다.
③ - 2 이번 선거는 민주적인 절차에 의해 치러졌다.

③ - 1과 ③ - 2는 의미가 다르다. ③ - 1의 '민주적 절차'는 '보통선거, 평등선거, 직접선거, 비밀선거 등의 민주주의적 선거 원칙에 의한 절차'라는 의미를 담고 있다. 달리 말하면 '민주적 제도에 의한 절차'라는 표현에 가깝다. 반면 ③ - 2의 '민주적인 절차'란 '민주적인 성격을 지닌 절차'라는 의미가 강하다.

양자는 구조적으로도 다르다. '민주적인 절차'는 '절차가 민주적이다'의 주술 구조로 바꿀 수 있지만 '민주적 절차'는 이처럼 바꾸기 어렵다. 이는 '인적 자원'을 '자원이 인적이다'로 바꿀 수 없는 것과 마찬가지이다.

사실 두 예문이 이처럼 다른 의미로 쓰이기는 해도 일상의 언어생활에서 그 차이는 무시되는 경우가 많다. 즉 둘을 같은 문장으로 보는 것이다. 나아가 언어 경제적 차원에서 ' - 적인'을 버리고 ' - 적'을 취하기도 한다. 그러나 우리는 자신도 모르는 사이에 이러한 의미 차이를 확보하려고 할 때가 많다. 그게 바로 ' - 적'과 ' - 적인'을 구별해 쓰려는 심리로 나타난다. 아래 문장이 그런 것들이며, 이 경우에는 ' - 적'과 ' - 적인'의 선택을 확실히 하는 게 좋다.

④ 평소에 모범적 행동을 하던 그였다.
☞ 평소에 모범적인 행동을 하던 그였다.

⑤ 이는 일부 지역에서만 발생하는 국지적 현상이다.
☞ 이는 일부 지역에서만 발생하는 국지적인 현상이다.

⑥ 북한이 국지적인 전쟁을 일으키는 상황에 대비해야 한다.
☞ 북한이 국지적 전쟁을 일으키는 상황에 대비해야 한다.

한편 부사 뒤에는 '‑적인'을 쓴다. 이는 부사가 서술어를 필요로 하기 때문이며, 서술성이 강한 것은 '‑적'이 아니라 '‑적인'이다.

⑦ 그들은 매우 양심적 행동을 했다.
☞ 그들은 매우 양심적인 행동을 했다.

139

권위적이 되다

> • 그 사람 돈 좀 벌더니 제법 권위적이 되었군.

'적'은 명사 뒤에 붙어 '그 성격을 띠는', '그에 관계된'이라는 뜻을
더해 준다. '권위적인', '권위적으로' 등의 표현이 가능하다. 종결부에서
는 '권위적이다'로 표현된다.

하지만 제시문의 '권위적이 되다'는 적절치 않은 표현이다. '권위적'
자체를 독립된 명사로 보기는 어렵기 때문이다.

☞ 그 사람 돈 좀 벌더니 점점 권위적인 태도를 보이는군.
☞ 그 사람 돈 좀 벌더니 점점 권위적으로 변해 가는군.

사족을 붙이자면 '제법'은 긍정적인 표현에 많이 쓰인다. '노래를 제
법 잘 부른다', '제법 어른 티가 난다' 식이다. '권위적'은 부정적인 표현
이므로 '제법'과는 잘 어울리지 않는다.

더 알아보기

- 산업혁명으로 비용이 하락해 제조업이 더욱 생산적이 되었다.
→ 산업혁명으로 비용이 하락해 제조업의 생산성이 더욱 높아
  졌다

- 수거 배송 시스템이 효율적이게 되었다.
→ 수거 배송 시스템이 효율성을 갖추었다.

140

위치하고 있다

> • 그 건물은 시내 중심가에 위치하고 있다.
> • 그 집은 약간 높은 곳에 위치하고 있었다.

'위치하고 있다'가 가능한 표현일까. 그보다는 '위치해 있다'가 훨씬 자연스럽지 않은가.

우선 사전의 풀이를 근거로 하면 '위치하고 있다'는 가능한 표현이다. 위의 두 예문도 사전에 실린 예문이다. 사전에서는 '위치하다'가 '동사'이고 '자리를 차지하다'라는 뜻을 지닌다고 했다.

그런데 네이버 '지식인'에 보면 '위치하고 있다'가 틀렸다는데 왜 그러하냐는 질문이 나온다. 사전은 옳은 표현으로 판단하고 있지만, 실제 언어 사용자들은 어색하게 여기는 것이다. 이 표현이 어색하게 느껴지는 이유는 무엇일까.

'자라고 있다'와 '자라 있다'를 비교해 보자. '자라고 있다'는 동적인 상황에 쓰이고, '자라 있다'는 정적인 상황에 쓰인다. '벌써 이만큼이나 자라고 있다'보다는 '벌써 이만큼이나 자라 있다'가 자연스러운데, 그 이유는 이미 자라 있어서 정적인 상황이 되었기 때문이다. 마찬가지로 '위치하고 있다'는 동적인 상황을, '위치해 있다'는 정적인 상황을 가리킨다고 할 수 있겠다. 하지만 위의 두 예문에서 '위치하다'의 주체인 '건물'과 '집'은 움직이지 못하는 물체이므로 동적인 상황에는 어울리지 않는다. 따라서 정적인 상황을 나타내는 '위치해 있다'가 더 어울린다. '위치하다'는 동사지만 '있다'와 마찬가지로 정적인 상황에 많이 쓰인다. 즉 형용사적인 성질을 많이 가지고 있다. 그래서 동사형 활용꼴 '위치한다'도 매우 제한적인 상황에서만 쓰이는 것이다.

 더 알아보기

- 성층권에는 오존층이 존재하고 있다.
→ 성층권에는 오존층이 존재한다.

- 승마와 요트는 귀족 스포츠에 속하고 있다.
→ 승마와 요트는 귀족 스포츠에 속한다.

141

추운 등, 했는 등

- 금년 겨울은 유난히 추운 등 예년 같은 날씨가 아니다.

'등'은 문장 내에서 두 가지 결합 방식을 보인다. 첫째, 단수 혹은 복수의 명사 뒤에 놓여 그 명사와 같은 유형이 더 있음을 나타내거나 그 명사 자체를 가리킨다. 아래의 ①과 ②가 그렇게 쓰인 예이다.

① 서울, 부산, 대구 등은 대도시이다.
② 이번 사건은 서울, 부산, 대구 등 세 도시에서 동시에 발생했다.

둘째는 동사의 활용형 '- 는' 뒤에 놓여 그 앞에 언급된 것과 같은 유형의 것이 더 있음을 나타낸다. ③과 ④가 그렇게 쓰인 예이다.

③ 오늘 날씨는 맑았다가 비가 오는 등 오락가락한다.
④ 산에 올라 약초를 캐는 등 신선놀음을 하고 있다.

제시문의 '등'은 둘째 경우에 해당한다. 다른 점이 있다면 '등'이 동사가 아닌 형용사 뒤에 놓였다는 것이다. '등'은 형용사와는 결합하지 않는다. '예쁜 등', '아름다운 등'이 어색하게 느껴지는 것은 이 때문이다. 원문은 다음처럼 문장의 틀을 바꾸어 표현할 수 있다.

☞ 금년 겨울은 예년과 달리 날씨가 유난히 춥다.

'등'은 과거형과도 안 어울린다.

⑤ 그는 장난감을 집어던졌는 등 하루 종일 심통을 부렸다.
☞ 그는 장난감을 집어던지는 등 하루 종일 심통을 부렸다.

한편, '등'과 잘 어울리지 않는 동사도 있다.

• 총선이 임박하는 등 바야흐로 선거철이 다가오고 있다.

'임박하다'는 동사인데 '임박하는 등'은 매우 어색하다. '임박하다'는 주로 과거형과 결합하여 '임박했다', '임박했던' 등으로 쓰이고 현재형 '임박한다', '임박하는' 등은 잘 안 쓰이기 때문이다.

142

'… 하는 등'의 올바른 쓰임새

> • 그는 일류대를 졸업하는 등 사회에서 대들보 역할을 했다.

'… 하는 등'의 '등'은 뒷말이 앞말을 포괄하는 관계일 때 쓴다. '그는 갑자기 웃는 등 이상한 행동을 했다'라는 표현을 보면, 뒷말인 '이상한 행동'이 앞말인 '웃는 행동'을 포괄한다. 또 '비가 오는 등 날씨가 좋지 않았다'의 경우 뒷말인 '날씨가 좋지 않음'이 앞말인 '비가 옴'을 포괄한다.

제시문이 어색한 이유는 '대들보 역할'이 '일류대 졸업'을 포괄하지 않기 때문이다. '대들보 역할'과 '일류대 졸업'은 연관성이 희박하다.

> • 불경기 때문에 대학이 등록금을 동결하는 등 어려움을 겪고 있다.

이 역시 논리 흐름이 순조롭지 않다. 스스로 등록금을 동결해 놓고 어려움을 겪는다니, 앞뒤가 안 맞는다. '불경기를 맞아 대학이 등록금을 동결하는 등 고통을 감내하는 처방을 내놓았다' 정도면 되겠다. 이 경우 '고통을 감내하는 처방'이 '등록금 동결'을 포괄한다.

'등'으로 이어지는 앞뒤 말의 관계

> • 그는 자주 지각하는 등 불성실한 근무 태도 때문에 회사에서 잘렸다.

'등'은 앞말과 뒷말을 같은 자격으로 이어준다. 예컨대 앞말이 명사형이면 뒷말도 명사형, 앞말이 동사형이면 뒷말도 동사형이 된다. '서울, 인천 등 각지로 떠돌다'의 경우 '서울, 인천'이 명사이고 '각지'도 명사이다. '그는 돈을 훔치는 등 도둑질을 했다'는 '돈을 훔치다'와 '도둑질을 하다'가 같은 동사형이다. 이 밖에 의미상으로도 잘 대비되어야 한다. '그는 돈을 훔치는 등 도둑을 따라다녔다'는 앞뒤 말이 같은 동사형이지만 돈을 훔치는 행위와 도둑을 따라다니는 행위가 잘 대비되지 않는다.

제시문의 경우 앞말이 용언형 '지각하는'인 데 반해 뒷말은 명사형 '(불성실한) 근무 태도'이다. 양자의 형식이 다르기 때문에 자연스러움에서 벗어난다. 다음처럼 뒷말을 서술형으로 바꾸면 훨씬 자연스럽다.

☞ 그는 자주 지각하는 등 근무 태도가 불성실한 탓에 회사에서 잘렸다.

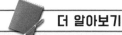

- 그 회사가 성공한 것은 판매망을 늘리는 등 공격적인 마케팅 덕분이다.
→ 그 회사가 성공한 것은 판매망을 늘리는 등 공격적인 마케팅을 펼쳤기 때문이다.

- 중소기업이 기업 전체의 99%를 차지하는 등 경제의 뿌리이다.
→ 중소기업이 기업 전체의 99%를 차지하는 등 경제의 뿌리 역할을 한다.

'-하다'와 '-시키다'의 차이

144

> • 그건 자기네 전투기를 지구로 출격하라는 암호였다.

'-하다'와 '-시키다'는 쓰임이 똑 떨어지게 구별되지 않는다. 예를 들면 같은 상황에서도 '소개해 주다'와 '소개시켜 주다'를 섞어 쓰곤 한다. 그래도 기본적인 구별법은 있다.

① 1번 전투기 출격해!
① 1번 전투기 출격시켜!

①과 ②는 명령하는 대상이 다르다. ①은 1번 전투기(=조종사)에 직접 명령하는 것이고, ②는 각 전투기들을 지휘하는 통제소에 명령하는 것이다. 이번에는 이 문장의 틀을 조금 바꾸어 보자.

③ 1번 전투기가 출격했다.
④ 1번 전투기를 출격했다.
⑤ 1번 전투기를 출격시켰다.

④의 '전투기를 출격했다'는 비문이다. 그 이유는 '출격하다'가 자동사여서 목적어를 대동할 수 없기 때문이다. 목적어를 굳이 넣으려면 ⑤처럼 '전투기를 출격시켰다'라고 해야 한다. 따라서 원문도 '출격하라는'을 '출격시키라는'으로 바꾸어야 어법에 맞는 문장이 된다.

⑥ 철수가 영희에게 순이를 소개했다.
⑦ 철수가 영희에게 순이를 소개시켰다.

문제가 되는 것은 위의 '소개하다' 같은 타동사에 '시키다'를 붙이는 경우이다. 인터넷을 검색하면 '(누구를) 소개시키다'가 틀린 표현이라는 글을 심심찮게 볼 수 있다. '소개'라는 말에 사동의 의미가 들어 있어 '소개시키다'라고 표현하면 사동의 의미가 중복된다는 것이다. 하지만 '소개하다'와 '소개시키다'는 쓰임이 다르다. 예컨대 ⑥과 ⑦이 각각 다른 의미로 쓰이는 것이다. ⑥은 소개한 주체가 철수이고, ⑦은 소개한 주체가 영희이다.

'유지하다'와 '유지시키다', '포함하다'와 '포함시키다', '결속하다'와 '결속시키다' 등도 쓰임이 다르다. 요컨대 '제삼자로 하여금 무엇을 하게 한다'라는 사동 의미가 강할 때는 '시키다'를 넣어야 한다.

145
'어떤 때'와 '어떨 때'

• 값이 싼 때 샀다가 비싼 때 팔았다.

'어떤 때'와 '어떨 때'를 구별해 쓰기는 쉽지 않다. '어떤'은 관형사로서, 사전에는 '대상을 뚜렷이 밝히지 아니하고 이를 때 쓰는 말'이라고 풀이되어 있다. '어떤 사람이 찾아왔다' 등으로 쓰인다. '어떨'은 '어떠할'이 줄어든 말이다. '병원은 어떨 때 가나' 등으로 쓰인다.

① 어떤 때는 밥 먹기도 싫다.
② 어떨 때는 밥 먹기도 싫다.

①과 ②는 의미가 다르다. ①의 '어떤 때는'은 '나도 잘 알지 못하는 그 어느 시점에는'이라는 뜻이 강하고 ②의 '어떨 때는'은 '기분이 울적하다든가 하는 어느 특정한 상황일 때는'이라는 뜻이 강하다. 다시 말해 '어떨 때'는 '기쁠 때', '슬플 때', '아플 때' 등과 같은 표현과 동일한 유형이다. 이 경우 '기쁜 때', '슬픈 때', '아픈 때'로 실현되지 않듯이 '어떤 때'로는 실현되지 않는다. 따라서 원문도 다음처럼 표현하는 게 합리적이다.

☞ 값이 쌀 때 샀다가 비쌀 때 팔았다.

146

'법안이 심의 중이다'와
'법안을 심의 중이다'

- 그 법안이 심의 중이다.

'협상, 진행 중인가?'라는 문장은 두 가지로 해석해 볼 수 있다. 하나는 능동문 '협상을 진행하는 중인가'이고, 다른 하나는 피동문 '협상이 진행되는 중인가'이다. 그런데 일반적으로 ' … 중이다'는 ' … 되는 중이다'보다는 ' … 하는 중이다'의 준말로 쓰인다. 예컨대 '치료제를 {개발/연구} 중이다'는 자연스럽지만 '치료제가 {개발/연구} 중이다'는 부자연스럽다. 후자는 '치료제가 {개발/연구}되고 있다'로 표현하는 것이 상례이다.

따라서 예문의 '심의 중이다'는 '심의하는 중이다'라는 의미이며, 여기에 주어를 넣으면 '법안이 심의하는 중이다'라는 어색한 표현이 되고 만다. 따라서 이 문장은 '법안이 심의되고 있다'로 풀어 쓰는 게 좋다. '심의되다'라는 표현이 익숙하지 않다면 '법안이 심의에 들어가 있다' 등으로 표현할 수도 있다.

단, 예외도 있다. 예컨대 '공장이 가동 중이다'는 '공장이 가동되는 중이다'로 해석된다. '법안이 계류 중이다'도 '법안이 계류된 상태다'라는 뜻이다. 이 '가동'과 '계류'는 자동사로 전성될 때 피동의 의미를 지니기 때문에 애초부터 '-하다'가 아닌 '-되다'가 붙는다. 즉 '(무엇이) 가동하다/계류하다'가 아닌 '(무엇이) 가동되다/계류되다'로 쓰이는 것이다. 이런 단어들 말고는 'X 중이다'가 거의 다 'X하는 중이다'로 해석된다고 보면 된다.

더 알아보기

- 그 사건의 해결책이 논의 중이다.
→ 그 사건의 해결책이 논의되고 있다.
→ 그 사건의 해결책을 논의 중이다.

- 공안 당국에 억류 중인 탈북자들이 많다.
→ 공안 당국에 억류돼 있는 탈북자들이 많다.

'…중이다'와 '…중에 있다'

• 그들은 열애 중에 있다.

'법안이 심의 중이다'가 어색하기는 해도, '심의 중'이라는 표현을 버리고 싶지 않을 때가 있다. 대체 표현인 피동문 '법안이 심의되고 있다'보다 간결하기 때문이다. 이런 심리가 반영되어 생겨난 것이 흔히 외래식 표현이라고 하는 '… 중에 있다'이다. '심의 중에 있다', '확인 중에 있다', '진행 중에 있다' 등이 그것이다. 그런데 능동문에 쓰인 '중이다'를 '중에 있다'라고 표현하는 것은 낭비적이다. 예컨대 '회의를 진행 중이다'라는 간명한 표현을 두고 굳이 늘어지는 '회의를 진행 중에 있다'를 택할 이유가 없다. 제시문도 '그들은 열애 중이다'로 적으면 간결해진다.

 더 알아보기

• 구청 측은 현재 '장애인 쉼터'를 운영 중에 있다고 밝혔다.
→ 구청 측은 현재 '장애인 쉼터'를 운영 중이라고 밝혔다.

• 보건소마다 무료 예방 접종을 실시 중에 있다.
→ 보건소마다 무료 예방 접종을 실시 중이다.

'진행 중이나'와 '진행 중이지만'

> ㉠ 아파트값이 비싼 곳은 강남이나 강북도 만만찮다.
> ㉡ 아파트값이 비싼 곳은 강남이지만 강북도 만만찮다.

㉠과 ㉡은 의미 차이가 없다. 즉 '이나'와 '이지만'이 똑같이 역접 기능을 한다. 그렇다면 글을 쓸 때 둘 중 어느 표현을 택하는 게 좋을까. ㉡을 추천한다. ㉠의 '이나'는 자칫 '또는'의 뜻으로 받아들이게 할 소지가 있다. 즉 글의 의도는 '강남이지만 강북도 … '인데 '강남 또는 강북도'로 읽히기 쉬운 것이다.

'이나'는 선택과 부정 두 가지 의미로 쓰인다. 그중 선택의 의미로 쓰일 때가 더 많다. 부정의 의미를 담는 경우는 일부 문어체 등에 한정된다. 그 때문에 '이나'를 만나면 우선 선택의 의미로 해석하려는 심리가 생긴다. 그러므로 부정의 의미를 담고자 할 때는 '이지만'을 사용하는 편이 낫다.

① 유치원마다 돌봄 서비스를 제공 중이나 대부분 오후 9시까지만 운영된다.

☞ 유치원마다 돌봄 서비스를 제공하고 있지만 대부분 오후 9시까지만 운영된다.

①의 경우 '제공 중이나'에서 잠시 멈추어 '-이나'가 어떤 의미로 쓰였는지 확인하는 과정을 거치게 된다. 수정문처럼 바꾸면 이 문제가 해결된다. 다음 예문도 마찬가지이다.

② 암이 진행 중이나 진행한 흔적이 느껴지지는 않는다.

☞ 암이 진행되고 있지만 진행한 흔적이 느껴지지는 않는다.

다만 아래 예문은 '또는'으로 읽힐 소지가 없으므로 권장되는 표현이라 하겠다.

③ 이제야 자리가 잡혔으나 크게 성공하려면 아직도 멀었다.

149

경쟁력을 잃어 가는 '…임', '…함'

• 우승하기가 쉽지 않음은 누구나 안다.

독립선언서의 글은 '오등은 자에 아 조선의 독립국임과 조선인의 자주민임을 선언하노라'로 시작된다. 요즘 고교 교과서를 보면 이 글이 '우리는 이에 우리 조선이 독립국이고 조선 사람이 자주민이라는 것을 선언한다'로 바뀌어 있다. 두 글에서 시대 변화에 따른 언어의 변화를 감지할 수 있다. '조선의 독립국임과 조선인의 자주민임을'이 '조선이 독립국이고 조선인이 자주민이라는 것을'로 바뀐 것이다. '… 임', '… 함'이라는 명사화 표현이 경쟁력을 잃어 가고 있음을 짐작하게 한다.

원문 역시 요즘 표현에 맞추면 '우승하기가 쉽지 않다는 것은 누구나 안다' 정도가 된다. 이 밖에 '오해가 없음을 바란다', '비방 목적이 없었음을 입증해야 한다' 등도 각각 '오해가 없기를 바란다', '비방 목적이 없었다는 것을 입증해야 한다' 등으로 바꾸어 줄 만하다. 하지만 간결성 측면에서는 '… 임', '… 함'이 강점을 지니기도 한다. 이 때문에 문학적인 글, 학술적인 글 등에는 지금도 활발하게 쓰이는 편이다.

- 그 사건을 처리하기가 난감함은 잘 알려진 사실이다.
→ 그 사건을 처리하기가 난감하다는 것은 잘 알려진 사실이다.

- 나라의 독립을 위해서는 인재를 길러 내는 것이 중요함을 주장했다.
→ 나라의 독립을 위해서는 인재를 길러 내는 것이 중요하다고 주장했다.

- 그들의 사귐은 꽤 오래전부터 시작되었다.
→ 그들이 사귄 것은 꽤 오래전부터였다.
→ 그들은 꽤 오래전부터 사귀어 왔다.

경쟁력을 잃어 가는 '…할 시'

> • 규칙을 어길 시에는 처벌을 받습니다.

　길을 걷다 보면 이처럼 섬뜩한 글을 가끔 볼 수 있다. 여기서 눈길을 줄 만한 표현이 '…할 시'이다. '…할 시'는 옛날식 어투로서 요즘 언어와는 괴리가 있다. 정부 기관 등의 행정 문서에는 아직도 이 말이 성행하지만 일반 글에서는 '…할 때'나 '…할 경우'를 많이 쓴다.

　그렇다고 한자어 '시'를 무조건 버릴 일은 아니다. '취득 시', '처분 시', '운행 시' 등과 같은 '명사 + 시' 꼴은 일반 글에도 널리 쓰인다. 요컨대 명사 뒤에 '시'가 붙은 형태는 지금도 널리 사용되는 표현법이고, 용언형 뒤에 '시'가 붙은 형태는 옛날식 표현법이라고 할 수 있다.

 더 알아보기

　• 학점은행제로 공부할 시 시간 활용도가 매우 높다.
　→ 학점은행제로 공부할 경우 시간 활용도가 매우 높다.

→ 학점은행제로 공부하면 시간 활용도가 매우 높다.

- 자격증을 취득할 시 취업에 가산점이 부여된다.
→ 자격증을 취득할 경우 취업에 가산점이 부여된다.
→ 자격증을 취득하면 취업에 가산점이 부여된다.

151

죽기 전까지 사랑한다?

- 내가 가기 전까지 꼼짝 말고 거기에 있어!

습관적으로 사용하기 쉬운 이 표현은 사실 논리적이지 않다. '내가 갈 때까지 … 거기에 있어!'라고 해야 한다. '가기 전까지' 꼼짝 말라는 것은 갈 무렵이나 갔을 때에는 꼼짝을 해도 된다는 뜻이다. 이는 화자의 의도와 다르다. 화자는 갔을 때에도 꼼짝을 하지 말라고 한 것이다. 다른 예문을 보자.

    ① - 1 나는 죽기 전까지 너를 사랑할 거야.
    ① - 2 나는 죽을 때까지 너를 사랑할 거야.

① - 1처럼 말하면 오해를 받기 쉽다. '죽기 전'이 죽기 직전인지, 죽기 50년 전인지 알 수 없다. 죽을 때에도 사랑하겠다는 뜻을 담으려면 ① - 2처럼 말해야 한다.

그렇다면 ' … 하기 전까지'는 어떤 상황에서 쓸까. 또 ' … 하기 전까지'와 ' … 할 때까지는 어떻게 구별될까. 다음 예문들에 그 답이 있다.

②-1 빼빼로 한 상자를 빼빼로 데이 전까지 보내 주세요. (빼빼로 데이 전날까지 보내라는 뜻)

②-2 빼빼로 한 상자를 빼빼로 데이 날까지 보내 주세요.(빼빼로 데이 날에 보내도 된다는 뜻)

③-1 24일 전까지 만들어 주세요. (23일까지 완성해야 한다는 뜻)

③-2 24일까지 만들어 주세요. (24일에 완성해도 된다는 뜻)

152

'…때문에 …해라' 구문의 불안정성

> • 쓰레기를 아무 데나 버리면 청소를 다시 해야 하기 때문에 쓰레기
> 는 쓰레기통에 버려라.

어떤 문장이 어색하게 느껴진다 싶으면 그와 같은 유형의 간단한 문
장을 만들어 보는 좋다. 이 문장은 '때문에'와 명령형 '해라'가 결합한
형태이다.

　①－1 춥기 때문에 이불을 덮어라.
　①－2 추우니까 이불을 덮어라.
　①－3 춥기 때문에 이불을 덮어야 한다.

　①－1에서 알 수 있듯이 '때문에'가 '해라'체의 명령문과 결합하면
틀린 문장이 된다. 명령문을 만들려면 ①－2처럼 '－니까'를 쓴다. 반대
로 '때문에'와 어울리도록 하려면 ①－3처럼 당위를 나타내는 말 '해야
한다'를 쓴다.

　②－1 너는 잠을 못 자면 식욕을 잃기 때문에 잠을 푹 자라.

②-2 너는 잠을 못 자면 식욕을 잃으니까 잠을 푹 자라.

②-3 너는 잠을 못 자면 식욕을 잃기 때문에 잠을 푹 자야 한다.

②-1도 '때문에 … 해라' 꼴이어서 어색하다. ②-2나 ②-3처럼 바꾸어야 자연스럽다. 마찬가지로 제시문도 다음처럼 바꾼다.

☞ 쓰레기를 아무 데나 버리면 청소를 다시 해야 하니까 쓰레기는 쓰레기통에 버려라.

☞ 쓰레기를 아무 데나 버리면 청소를 다시 해야 하기 때문에 쓰레기는 쓰레기통에 버려야 한다.

153

'-지에 대하여'의 남용

• 그들은 행복은 성적순인지에 대하여 논의했다.

　조사는 명사 뒤에 붙기도 하지만 명사 구실을 하는 말이나 문장 뒤에도 붙는다. '얼마나 사느냐보다 어떻게 사느냐가 중요하다'라는 문장에서 '사느냐' 뒤에 각각 붙은 '보다'와 '가'가 그것이다. 흔히 볼 수 있는 조사의 또 한 가지 기능으로는 어미 '- 지'(정확히 표현하면 '- ㄴ지/ - ㄹ지/ - 는지') 뒤에 붙는 것을 들 수 있는데, 이 경우 그 조사는 대개 주격과 목적격을 나타낸다.

　① 밥을 먹는지가 궁금하다.
　② 목적이 무엇인지를 캐물었다.
　③ 그가 떠날지도 모른다.
　④ 학교에 가는지부터 살펴봐라.

　①의 '- 지가'는 주격으로 쓰였고, ②~④의 '- 지를, - 지도', '- 지부터'는 목적격으로 쓰였다. 이 밖에 '- 지' 뒤에 부사격조사 '에'를 붙여 쓰는 경우도 가끔 있다.

⑤ 가는 목적이 무엇인지에 관심이 쏠렸다.
⑥ 그가 언제 떠나는지에 관심을 두었다.

하지만 이 '‐지에'는 그다지 널리 쓰이지 않는다. 개인적으로는 다소 껄끄럽게 느껴지기도 한다. 그 이유는 확실치 않지만, 한 가지 의심할 만한 것은, ⑤, ⑥ 문장에서 볼 수 있듯 '‐지에' 뒤에 이어지는 말이 '주술' 또는 '목술' 구조로 되어 있다는 점이다. 즉 복수의 문장 성분이 결합되어 있다. 이와 달리 ①~④는 단일 서술어로 되어 있다. 이는 '‐지에'가 들어간 글이 그만큼 간결하지 못하다는 것을 뜻한다. 아마 그것이 세련미를 떨어뜨리는 원인으로 작용하지 않을까 싶기도 하다. ⑤, ⑥은 다음처럼 좀 더 일반화된 표현으로 바꿀 수 있다.

⑤‐1 그가 언제 떠나는지가 관심거리였다.
⑥‐1 그가 가는 목적에 관심이 쏠렸다.

한편 '‐지에' 뒤에 '대하여'를 넣어 위의 제시문처럼 표현하는 경우도 적지 않다. 이 역시 같은 문제를 안고 있으므로 다른 표현으로 대체하는 게 좋다. 다만 간단히 고치는 방법이 마땅치 않아 문장을 크게 바꾸어야 하는 문제가 있기는 하다.

☞ 그들은 '행복은 성적순인가' 하는 문제에 대하여 논의했다.

이 밖에 '‐지에 대하여'와 비슷한 형태로 '‐지에 대한'이 있는데, 이 역시 세련미는 떨어지므로 다른 표현을 찾아볼 만하다.

- 최근 여성의 권리와 행복 추구에 걸림돌이 되는 정책은 없는지에 대한 논의가 활발해지고 있다.
☞ 최근 여성의 권리와 행복 추구에 걸림돌이 되는 정책은 없는지 점검하기 위한 논의가 활발해지고 있다.

 더 알아보기

- 의원들은 이번 사건이 진짜 그들의 소행인지에 대하여 따져 물었다.
→ 의원들은 이번 사건이 진짜 그들의 소행인지 따져 물었다.

- 그가 실력으로 1등을 했느냐에 대한 의문이 생긴다.
→ 그가 실력으로 1등을 했는지 의심스럽다.

- 얼마나 효과가 있을지에 대한 우려가 강하다.
→ 얼마나 효과가 있을지 모르겠다며 우려한다.
→ 효과가 있을지 우려하는 시각이 많다.

'…에 대하여'와 어울리는 서술어

> • 나는 요즘 이웃과 나누는 삶에 대하여 관심이 든다.

'… 에 대하여'는 타동사형 '어찌하다'와 잘 어울리고 자동사형이나 피동사형 '어찌되다'와는 잘 어울리지 않는다.

① - 1 삶과 죽음에 대하여 생각했다.
① - 2 삶과 죽음에 대하여 생각되었다.

② - 1 삶과 죽음에 대하여 의견을 나누었다.
② - 2 삶과 죽음에 대하여 의견이 오갔다.

제시문도 '… 에 대하여'가 들어간 문장인데 뒤에 이어지는 서술어가 타동사형이 아닌 자동사형이어서 서로 호응이 안 된다.

☞ 나는 요즘 이웃과 나누는 삶에 대하여 관심을 갖는다.

동사형과 어울리는
'…로 인하여', '…를 위하여'

> • 공사로 인하여 불편하시더라도 양해 바랍니다.

이 문장에서 문제가 되는 것은 '공사로 인하여 불편하시더라도'이다. '…로 인하여'는 뒤에 '어찌되다'라는 동사형 서술어를 이끄는 게 상례인데 예문은 '불편하다'라는 형용사형 서술어가 나왔다. 다음처럼 동사형 서술어로 바꾸면 한결 부드러워진다.

☞ 공사로 인하여 불편을 겪으시더라도 양해 바랍니다.

비슷한 예문을 더 들어 보자.

① 환경오염으로 인하여 피해가 적지 않다.(적지 않다: 형용사형 서술어)
☞ 환경오염으로 인하여 적지 않은 피해를 보고 있다. (피해를 보다: 동사형 서술어)

② 나로 인하여 너희의 마음이 아프구나. (아프다: 형용사형 서술어)
☞ 나로 인하여 너희가 아픔을 겪고 있구나. (아픔을 겪다: 동사형 서술어)

'인하여'와 바꾸어 쓸 수 있는 말로 '때문에'가 있는데, 이 '때문에'는 가끔 형용사형 서술어와 결합하기도 한다. 즉 '공사 때문에 불편하시더라도 양해 바랍니다'가 가능하다.

이 밖에 '위하여'도 주로 동사형 서술어를 이끈다.

- 도서관은 주변에 방해가 되지 않기 위하여 조용했다. (조용하다: 형용사형 서술어)
☞ 도서관에서는 주변에 방해가 되지 않기 위하여 다들 조용히 했다. (조용히 하다: 동사형 서술어)

이 예문에서 '도서관은 … 조용했다'라는 주술 구조를 그대로 가지고 가고 싶다면 '위하여'를 다음처럼 바꾸는 방법을 생각할 수 있다.

☞ 도서관은 서로 방해가 되지 않도록 조심했기 때문에 매우 조용했다.

156

'논리적이 아니다'와 '논리적이지 않다'

- 네 말은 별로 논리적이 아니다.
- 네 행동은 정상적이 아니다.

'-적이다'의 부정 표현을 '-적이 아니다'로 하는 경우가 있다. 예문의 '논리적이 아니다', '정상적이 아니다'가 그것이다. 결론적으로 '-적이 아니다'는 어법적으로 불안정한 표현이다. '논리적이지 않다', '정상적이지 않다'처럼 '-적이지 않다'로 하는 게 옳다.

일반적으로 서술어로 쓰이는 '명사＋이다'를 부정할 때는 '아니다'를 붙인다. 예컨대 '책이다'를 부정하면 '책이 아니다'가 된다. 그런데 '논리적'은 명사로 보기가 어렵다. 조사 '으로'가 붙는 것을 보면 명사 같지만 다른 조사와는 잘 결합하지 않는다. 오히려 '-적이지 않다'가 가능하다는 점에서 형용사에 가깝다. '아름답지 않다'처럼 '않다'를 부정어로 삼는 것은 형용사이기 때문이다.

사전에서도 '적(的)'에 대해 '그 성격을 띠는', '그에 관계된', '그 상태로 된'의 뜻을 더하는 접미사라고 풀이하고 있다. 즉 형용사를 만드는 말이라는 것이다.

'때문'과 '까닭'의 상반된 결합력

> • 소득이 많은 때문에 지출도 많다.
> • 소득이 많았던 때문에 지출도 많았다.

'때문'은 흔히 명사형 어미 '-기'와 결합하여 '-기 때문'으로 표현된다. '먹기 때문', '웃기 때문' 등이 그것이다. 예문은 이와 달리 관형사형 어미 '-ㄴ'과 결합하여 '-ㄴ 때문'으로 쓰였다. 이 '-ㄴ 때문'이 들어간 표현은 국립국어원의 표준국어사전에도 그 예문이 실려 있기는 하지만, 옛날식 언어 습관이라 할 수 있다. 문법적으로 따져 보더라도 '나 때문에' '일 때문에' 등의 예에서 보듯이 '때문에'는 명사와 결합한다.

한편, '때문'과 반대로 '까닭'은 명사형과 결합하지 않고 관형사형 어미 '-ㄴ'과 결합한다. 즉 '먹은 까닭', '웃은 까닭' 등으로 실현된다. '먹기 까닭', '웃기 까닭'으로는 실현되지 않는다.

이 밖에 명사형 뒤에만 놓일 뿐 관형사형 뒤에는 놓이지 못하는 말로 '자체'가 있다.

① 나는 공부하는 자체가 싫어.
② 북한과 미국이 양자회담을 재개하겠다는 자체가 새로운 뉴스다.

‘자체’는 명사이지만 독립성이 약해서 홀로 쓰이지 못한다. ‘모습 자체’, ‘발상 자체’, ‘그 자체’ 등처럼 다른 명사 뒤에 놓여 그 명사를 부연하는 기능을 할 뿐이다. 따라서 위의 ‘공부하는 자체’, ‘재개하겠다는 자체’처럼 관형어의 직접적인 수식을 받게 하면 어설픈 표현이 된다. 이들 예문은 다음처럼 해야 온전해진다.

☞ ① 나는 {공부하는 것/공부} 자체가 싫어.
☞ ② 북한과 미국이 양자회담을 재개하겠다는 {것/사실} 자체가 새로운 뉴스다.

158

상황에 맞게 써야 하는 '… 하는 가운데'

> • 살인 개미가 발견된 가운데 정부가 성묘객들에게 주의를 당부
> 했다.

　'부도가 난 가운데 사장이 잠적했다'와 '부도가 나서 사장이 잠적했다'는 의미가 다르다. 전자는 부도가 난 상황에서 사장이 잠적했지만 그 잠적이 부도 때문인지는 알 수 없다는 뜻이다. 후자는 부도 때문에 잠적했다는 뜻이다. 요컨대 '… 하는 가운데'는 앞말이 뒷말의 배경임을 나타낼 뿐, 직접적인 원인을 나타내지는 않는다. 제시문은 성묘객에게 주의를 당부한 이유가 살인 개미의 발견 때문이므로 앞말이 뒷말의 원인임을 나타낸다. 이때는 '가운데'를 쓰기 어렵다.

> ☞ 살인 개미가 발견됨에 따라 정부가 성묘객들에게 주의를 당부
> 했다.

- 미국에서 최악의 총기 사고가 발생한 가운데 한국인의 피해는 없는 것으로 나타났다.
→ 미국에서 최악의 총기 사고가 했지만 한국인의 피해는 없는 것으로 나타났다.

- 유가가 오른 가운데 자동차가 안 팔린다.
→ 유가가 오른 탓인지 자동차가 안 팔린다.

- 가습기 살균제 사태를 계기로 화학물질에 대한 공포가 확산된 가운데 친환경 세제를 찾는 사람들이 늘고 있다.
→ 가습기 살균제 사태를 계기로 화학물질에 대한 공포가 확산되면서(또는, 확산됨에 따라) 친환경 세제를 찾는 사람들이 늘고 있다.

- 형제가 재산 다툼을 한 가운데 이와 관련한 뒷얘기가 무성하다.
→ 형제가 재산 다툼을 한 것과 관련하여 뒷얘기가 무성하다.

159

상황 전개의 오류
… 시간에서 공간으로의 이동

• 적자에 허덕이던 수출이 모처럼 늘어났다.

'적자이던 수출이 늘어났다'라는 표현의 적절성에 관한 것이다. 이
구문은 'A하던 B가 C하다'의 형태인데, 이 형태는 앞말인 A의 상황에
서 뒷말인 B의 상황으로 이동함을 나타낸다. 아래 문장을 통해 확인해
보자.

① 몇 년째 동결되던 봉급이 올해엔 올랐다.
② 밥을 먹던 철수가 텔레비전을 보았다.

①은 봉급이 동결되던 상황에서 오르는 상황으로 이동했다. ②도 밥
을 먹던 상황에서 텔레비전을 보는 상황으로 이동했다. 그런데 다음 문
장은 이동 형태가 조금 다르다.

③ 10시를 가리키던 시계가 벽걸이에 걸려 있다.

이 문장은 시계가 10시를 가리키는 상황에서 벽걸이에 걸리는 상황

으로 이동했다. 시간에서 공간으로의 이동이다. 그런데 시간과 공간은 차원이 다르기 때문에 이동이 불가능하다. 따라서 이 글은 논리적으로 성립할 수 없다.

제시문을 보자. 제시문은 수출이 적자인 상황에서 늘어나는 상황으로 옮겨 감을 나타낸다. 그런데 적자에서 흑자로 옮겨 갈 수는 있어도 적자에서 늘어남으로 옮겨 갈 수는 없다. 즉 이 문장은 예문 ③과 같은 유형에 속한다. 바른 문장이 되도록 하려면 '적자에 허덕이던 수출이 모처럼 흑자로 돌아섰다'로 하거나, '감소세를 보이던 수출이 모처럼 증가세로 반전되었다'로 한다.

160

'-ㄹ까'와 '-ㄹ까 봐'의 차이

> • 그 회사는 환율 하락의 직격탄을 맞을까 전전긍긍하고 있다.

'-ㄹ까'는 말하는 사람의 의심이나 의문을 나타낸다. 예컨대 '내일
은 비가 올까'의 경우 내일의 날씨가 궁금하기만 할 뿐 비가 올지도 모
른다고 예단하는 것은 아니다. 그렇다면 걱정할 상황도 아니므로 '내일
은 비가 올까 걱정이다'라는 표현은 성립하기 어렵다. 만약 비가 올지
몰라 걱정을 한다면 '비가 올까 봐 걱정이다'라고 표현한다. 이때의 '-
ㄹ까 봐'는 의심이나 의문의 단계를 넘어 일이 실현될 수도 있다는 가
정 아래 어떤 반응을 보이는 것을 나타낸다.

제시문도 단순히 '직격탄을 맞을까' 하고 의문을 품는 수준을 넘어
직격탄을 맞을 확률이 있다고 걱정하는 상황이므로 다음처럼 바꾸어야
한다.

☞ 그 회사는 환율 하락의 직격탄을 맞을까 봐 전전긍긍하고 있다.

☞ 그 회사는 환율 하락의 직격탄을 맞지나 않을까 전전긍긍하고
  있다.

☞ 그 회사는 환율 하락의 직격탄을 맞을지 몰라 전전긍긍하고 있다.

단, 예외적으로 1인칭 화자의 입장에서 실현 가능성이 있는 일을 걱정할 때에는 '-ㄹ까 봐' 대신 '-ㄹ까'를 쓰기도 한다. 이 경우 서술어는 '걱정이다'나 '걱정스럽다'의 형태로 끝나게 된다. '내일 비가 올까 걱정이다', '직격탄을 맞을까 걱정이다'와 같은 문장이 그러한 예다.

 더 알아보기

- 수출에 타격을 입을까 노심초사하고 있다.
→ 수출에 타격을 입을까 봐 노심초사하고 있다.
→ 수출에 타격을 입을지 몰라 노심초사하고 있다.

- 그가 어제 차를 놓쳤을까 걱정을 했다.
→ 그가 어제 차를 놓쳤을까 봐 걱정을 했다.
→ 그가 어제 차를 놓쳤을까 싶어 걱정을 했다.

161

'어떤 것'과 '어떻다는 것'의 차이

> ㉠ 철수는 영희가 착한 것을 안다.
> ㉡ 철수는 영희가 착하다는 것을 안다.

㉠과 ㉡은 의미가 약간 다르다. ㉡의 '영희가 착하다는 것'은 '영희가 착하다고 하는 것'의 준말이다. 즉 사람들의 판단에 의한 주관적인 사실을 나타낸다. 반면 ㉠의 '영희가 착한 것'은 '영희가 착하다'라는, 객관적으로 드러난 사실을 나타낸다. 그런데 일반적으로 어떤 사람의 성격이 '착하다'라고 말하는 것은 주관적인 판단에 의한 것이다. 객관성을 띠기 어렵다. 그렇기 때문에 ㉠처럼 표현하는 것은 적절치 않다.

> ① 그는 그녀가 결혼한 것을 안다.
> ② 그는 그녀가 결혼했다는 것을 안다.

누군가가 결혼을 했다면 그것은 객관적인 사실이 된다. 그러므로 ① 처럼 '결혼한 것'이라고 말하게 된다. 한편, 그러한 사실은 소문을 통해서도 알 수 있다. 그런 경우에는 ②처럼 '결혼했다는 것'이라고 말하게 된다. 따라서 ①, ②는 모두 무리가 없는 표현이다.

- 그는 그녀가 아픈 소식에 망연자실했다.
→ 그는 그녀가 아프다는 소식에 망연자실했다.

- 그는 그 책이 유익한 것을 안다.
→ 그는 그 책이 유익하다는 것을 안다.

- 나는 그가 오는 소문을 들었다.
→ 나는 그가 온다는 소문을 들었다.

- 나는 그가 온다는 것을 보았다.
→ 나는 그가 오는 것을 보았다.

162

'여부'와 '유무' 가려 쓰기

- 회사는 이번 사업의 타당성 여부를 면밀히 검토했다.

'여부'는 명사나 명사형 어구 뒤에 붙어 '그러함과 그러하지 아니함'이란 뜻을 나타낸다. 예컨대 '사실 여부'는 '사실임과 사실이 아님'이란 의미이고, '참석 여부'는 '참석함 또는 참석하지 아니함'이란 의미이다.

논란이 되는 표현으로 '진위 여부'가 있는데, '진위' 자체가 '참과 거짓'이란 의미이므로 여부와 같이 쓰면 의미가 중복되게 된다. 이런 이유에서 '진위 여부' 대신 '진실 여부'를 쓰자는 주장도 있다. 다만 '진위 여부'가 매우 익숙한 표현인 데다 이와 조어 형태가 같은 '생사 여부'가 국어사전에 예문으로 실려 있어 그런 주장을 받아들이기 어려운 측면이 있다. '존폐 여부의 기로에 섰다'와 '존폐 여부를 알려 달라'라는 문장을 놓고 보아도 전자는 '여부'를 삭제하는 게 나은 반면 후자는 삭제하기 어렵다.

'여부'와 혼동하기 쉬운 것이 '유무'이다. '유무'는 '있음과 없음'이란 뜻이다. 그러므로 '자격 여부'가 아닌 '자격 유무'가 된다. '피해'의 경우 '여부'와 '유무'가 두루 쓰인다. 논리적으로는 '피해 유무'가 적합할 듯

하나 실제로는 '피해 여부'가 더 널리 쓰인다.

- 유통기한이 지났는지 여부가 핵심 쟁점이다.

이 표현 역시 논란의 여지가 있다. '~ㄴ지'가 의심이나 의문을 나타내는데, '여부'에도 이런 뜻이 일부 내포돼 있다. 반면에 '여부'가 앞말을 더 명확하게 전달하는 면이 있기도 하다. 다만 이런 유형에서 '여부'를 습관적으로 붙이는 것은 삼갈 일이다. 예컨대 '그가 왔는지 여부를 모르겠다'보다는 '그가 왔는지 모르겠다'가 더 자연스럽다.

한편, 제시문은 '여부'를 삭제해야 한다. '진실성', '정확성' 등은 성질을 뜻하는 말이기 때문에 '여부'와 함께 쓰기 어렵다.

더 알아보기

- 환경부가 배출 가스 조작 유무를 조사했다.
→ 환경부가 배출 가스 조작 여부를 조사했다.

- 여러 조사를 통해 제품의 이상 여부를 판단한다.
→ 여러 조사를 통해 제품의 이상 유무를 판단한다.

163 ♣ 명사화 문장 풀어쓰기

164 ♣ 'X하다'와 'X를 하다'

165 ♣ 'X를 Y하다'와 'XY를 하다'

166 ♣ 어순을 바꾸면

167 ♣ 어순만 바꾸어도

168 ♣ 아무 데나 붙이면 안 되는 '것'

169 ♣ 지시어를 잘못 사용하면

170 ♣ 비교급 표현 '…보다'와 '…에 비해'의 구분

171 ♣ '보다'와 '제일/가장'의 불편한 동거

172 ♣ 번역 투 표현 '가지다'

173 ♣ 세 개의 사과, 사과 세 개

174 ♣ 끊어 읽을 곳엔 쉼표를

175 ♣ 쉼표와 가운뎃점의 구별

176 ♣ 쉼표를 잘못 사용한 경우

177 ♣ 쉼표로 나열할 수 없는 경우

PART

12

기타

명사화 문장 풀어쓰기

> • 여름엔 수해 방지 대책 마련에 철저를 기해야 한다.

　젊은이라면 많이 본 문장일 것이다. 고교 교과서에 나쁜 문장의 한 예로서 실려 있다. '수해 방지 대책 마련'은 명사 4개가 죽 이어져 있어 글이 딱딱한 느낌을 준다. 또 리듬감이 없어 읽다 보면 혀가 꼬일 듯한 느낌이 든다. 간결하기는 하지만 문법 관계가 정확히 드러나지 않는 문제도 있다. 우리말은 명사를 죽 나열하는 것보다 동사나 형용사로 풀어서 쓰는 게 자연스럽다고 하는데, 그 이유는 이런 데서 찾을 수 있다.

　① 여름엔 수해를 방지할 대책을 마련하는 데 철저를 기해야 한다.

　해설서나 문제집 등에서는 이처럼 고치도록 권하고 있다. 그런데 이 문장은 목적격 조사 '을/를'이 가까이 붙어 있고 그 사이에 'ㄹ' 받침음 '할'까지 끼어 있어서 다소 껄끄럽게 읽힌다. 다음의 ②처럼 '수해 방지 대책'을 한 의미 단위로 묶거나 ③처럼 '수해 방지'를 한 의미 단위로 묶는 방법도 생각해 볼 수 있다.

② 여름엔 수해 방지 대책을 마련하는 데 철저를 기해야 한다.

③ 여름엔 수해 방지를 위해 철저한 대책을 마련해야 한다.

 더 알아보기

- 모바일 생태계 구축을 위한 노력을 하기로 했다.
→ 모바일 생태계를 구축하기 위하여 노력하기로 했다.

- 내 집 마련을 하려는 사람
→ 내 집을 마련하려는 사람

164

'X하다'와 'X를 하다'

> ㉠ 중국 어선이 우리 영해에서 조업을 했다.
> ㉡ 중국 어선이 우리 영해에서 조업했다.

행위 등 움직임을 나타내는 명사는 그 뒤에 '하다'가 붙으면 동사가 된다. 즉 '노래 + 하다', '축구 + 하다' 등처럼 'X + 하다' 꼴로 실현된다. 또 '노래를 하다', '축구를 하다' 등처럼 'X를 하다' 꼴로 실현되기도 한다. 제시문이 그 두 형태이며, 두 예문은 사용 빈도 면에서 서로 팽팽한 세력을 형성하고 있다. 하지만 사용 빈도가 한쪽으로 쏠리는 것도 있다.

① - 1 ○○○ 전 대통령이 어제 서거했다.
① - 2 ○○○ 전 대통령이 어제 서거를 했다.

② - 1 매출이 어제보다 감소했다.
② - 2 매출이 어제보다 감소를 했다.

① - 2와 ② - 2의 '서거를 했다'와 '감소를 했다'는 매우 어색하다.

이 경우에는 '서거했다', '감소했다'로 표현한다. 대체로 'X'가 정적인 의미를 지닌 동사일 때는 'X를 하다'가 잘 안 쓰인다. 반대로 'X하다'로 쓰일 수 없는 형태가 있는데 '행위하다', '역할하다' 등이 그것이다. 'X하다'의 형태로 쓰이는 말을 예로 들자면 '감소, 강화, 불허, 사용, 서거, 애도, 완료, 유지, 제외, 출범, 퇴치' 등이 있고 'X하다'와 'X를 하다'가 함께 쓰이는 말을 예로 들자면 '조업, 토론, 평가, 예상, 증언, 구분, 서명, 결정, 경쟁, 전망, 처리' 등이 있다.

165

'X를 Y하다'와 'XY를 하다'

> ㉠ 그 아파트는 분양 완료를 했다.
> ㉡ 학교가 등록금 동결을 했다.

'책임을 추궁하다'와 '책임 추궁을 하다'는 같은 말이다. 하지만 후자처럼 표현하는 경우는 많지 않다. 우리말에서 목적어와 서술어가 결합할 때는 주로 'X를 하다'나 'X를 Y하다'의 형태로 실현된다. '책임 추궁을 하다'는 'XY를 하다'의 결합 관계여서 안정적이지 않다. 제시문 ㉠의 '분양 완료를 했다'와 ㉡의 '등록금 동결을 했다'도 이와 같은 형태로서, 각각 '분양을 완료했다'와 '등록금을 동결했다'로 하는 게 좋다.

① 그린벨트 해제가 된 뒤 복부인이 기승을 부린다.
② 체계적인 조직 구성을 하면서 회사가 안정됐다.

①은 앞의 예문과 달리 주어와 술어의 결합이 불안정한 경우이다. 안정된 결합 관계인 'X가 Y되다(무엇이 어찌되다)' 꼴을 버리고 'XY가 되다' 꼴을 택한 것이다. '그린벨트가 해제된 뒤…'로 표현하는 게 좋다.
②도 '조직 구성을 하다'를 '조직을 구성하다'로 바꾸는 게 좋은데,

이 경우 앞에 놓인 수식어 '체계적인'도 표현이 달라진다는 점에 주의해야 하겠다. 즉 '조직을 체계적으로 구성하면서 … '로 표현한다.

한 가지 짚고 넘어갈 게 있다. 'XY를 하다'나 'XY가 되다' 형태가 모두 불안정한 것만은 아니라는 것이다.

③ - 1 실내 정돈을 해라.
③ - 2 실내를 정돈해라.

④ - 1 조직 개편을 했더니 분위기가 바뀌었다.
④ - 2 조직을 개편했더니 분위기가 바뀌었다.

③ - 1과 ④ - 1도 'XY를 하다' 형태이지만 전혀 어색하지 않다. 오히려 ③ - 2와 ④ - 2가 더 어색하게 느껴진다. 그 이유는 '실내 정돈'이나 '조직 개편'이 'XY'가 아닌 'X', 즉 하나의 의미 단위로 인식되기 때문이다. 이는 예컨대 '실내 정돈을 잘 해라'와 '실내를 잘 정돈해라'가 각각 다른 전달 의도를 지닐 수도 있다는 뜻이기도 하다.

'XY가 되다'의 유형도 예컨대 '실내 정돈이 잘 되었다'나 '조직 개편이 이루어지고 나니 분위기가 바뀌었다' 등의 표현은 자연스럽다고 할 수 있다.

 더 알아보기

• 기업의 실적을 토대로 옥석 가리기를 하고 있다.
→ 기업의 실적을 토대로 옥석을 가리고 있다.

→ 기업의 실적을 토대로 옥석 가리기에 나섰다.

· 그 회사는 올해 지주사 전환을 했다.

→ 그 회사는 올해 지주사로 전환했다.

→ 그 회사는 올해 지주사 전환을 마쳤다.

· 그 은행은 '우리 홈 뱅킹' 서비스 제공을 시작했다.

→ 그 은행은 '우리 홈 뱅킹' 서비스를 제공하기 시작했다.

166

어순을 바꾸면

> ㉠ 철수가 영희보다 더 노래를 잘한다.
> ㉡ 영희보다 철수가 더 노래를 잘한다.

'영희보다'는 부사어이다. 이 부사어가 ㉠에서는 주어 뒤에 놓였고, ㉡에서는 주어 앞에 놓였다. ㉠이 기본 문형이고, ㉡은 도치된 문형이다. 부사어는 이처럼 위치의 이동이 자유롭지만, 위치가 바뀌면 글의 의미도 달라지므로 상황에 맞게 위치를 정해 주어야 한다.

① - 1 두 사람이 노래를 한다. 철수가 영희보다 더 노래를 잘한다.
① - 2 두 사람이 노래를 한다. 영희보다 철수가 더 노래를 잘한다.

② - 1 두 사람 중 누가 더 노래를 잘하는가? 철수가 영희보다 더 노래를 잘한다.
② - 2 두 사람 중 누가 더 노래를 잘하는가? 영희보다 철수가 더 노래를 잘한다.

①과 ②의 첫 문장에서 관심의 초점은 '노래하는 두 사람'이다. 즉

두 사람은 관심의 우선순위가 동일하다. 이 경우 이어지는 문장에서는 서술부에서 관심의 초점으로 삼는 사람, 즉 노래를 잘하는 사람이 문두에 놓이게 된다. 그러므로 ① - 1과 ② - 1이 상황에 어울리는 표현이며, ① - 2와 ② - 2는 상대적으로 어색함을 준다.

③ 갑: "영희가 노래를 잘하네."
　　을: "영희보다 철수가 더 노래를 잘해."

③에서는 갑이 먼저 "영희가 노래를 잘 한다"라고 말했다. 즉 '영희'를 중심어로 내세운 것이다. 그렇다면 을도 맞장구치는 대화 기법상 상대가 내세운 중심어를 화제의 우선순위에 둔다. 그래서 '영희'로 시작되는 문장을 만든 것이다. 이처럼 관심의 초점이 되는 말을 되받을 때는 그 말을 문두에 놓는다.

④ - 1 철수가 영희보다 노래를 더 잘한다.
④ - 2 철수가 노래를 영희보다 더 잘한다.

이 문장은 부사어 '영희보다'가 목적어의 앞에 놓인 경우와 뒤에 놓인 경우를 나타낸 것이다. ④ - 1처럼 목적어 앞에 놓이는 것이 일반적이며, ④ - 2처럼 목적어 뒤에 놓이면 다소 어색한 느낌이 든다. 다만 이렇게 표현하면 '노래를'이 강조되는 측면이 있기는 하다.

⑤ 철수가 노래를 영희보다 더 잘하다니!

이 문장은 ④ - 2를 감탄문 형태로 바꾼 것이다. 이처럼 감탄문을 사용하면 문장 성분이 앞에 놓일수록 강조되는 효과가 있으며, 이 경우도 '노래를'을 강조하기 위한 파격으로 볼 수 있다. 하지만 ④ - 2는 평서문이기 때문에 강조 효과보다는 파격에 의한 어색함이 더 두드러지게 느껴질 수 있다.

167

어순만 바꾸어도

- 북한이 우려했던 대로 장거리 로켓을 발사했다.

북한이 진짜 우려했을까. 아니다. 하지만 이렇게 표현하면 북한이 우려한 모양새가 된다. 이처럼 헷갈리게 할 만한 표현은 피하는 게 좋다.

☞ 우려했던 대로 북한이 장거리 로켓을 발사했다.

이렇게 단어의 순서를 바꾸면 의미의 혼선을 야기할 여지를 없앨 수 있다. 이 밖에도 대안이 될 만한 표현을 몇 가지 생각해 볼 수 있다.

① 북한이, 우려했던 대로 장거리 로켓을 발사했다.
② 북한이 우리가 우려했던 대로 장거리 로켓을 발사했다.
③ 우리가 우려했던 대로 북한이 장거리 로켓을 발사했다.

①은 '북한이'의 뒤에 쉼표를 넣어, 그것이 바로 뒤에 이어지는 말과 직접적인 관계에 있지 않음을 나타내도록 했다. 이 방법도 가능하지만 흔히 사용되지는 않는다. ②는 주어인 '북한이'와 '우리가'가 연속으로

이어져서 다소 읽기가 껄끄럽다. ③은 '우려했던'의 주체를 구체적으로 밝힌 것이다. 다만 주체를 밝히지 않음으로써 독자에게 그 주체의 범위를 판단하도록 맡기는 것도 하나의 표현 기법이므로 어느 것이 낫다고 단정하기는 어렵다.

더 알아보기

- 언젠가부터 흥행의 변방에 있던 남자 골프가 차츰 살아나고 있다.
→ 흥행의 변방에 있던 남자 골프가 언젠가부터 차츰 살아나고 있다.

- 어제부터 고장을 일으켰던 기계가 갑자기 잘 돌아간다.
→ 고장을 일으켰던 기계가 어제부터 갑자기 잘 돌아간다.

아무 데나 붙이면 안 되는 '것'

• 태풍에 처음으로 이름을 붙인 것은 호주의 예보관들이었다.

이 문장은 비근한 예로 '훈민정음을 처음 만든 것은 세종대왕이다'라고 표현한 것과 다를 바 없다. 세종대왕을 '것'으로 낮추어 불렀으니 일종의 막말을 한 셈이다. '것'은 사물을 가리키는 말이다. 사람을 나타낼 때도 있지만 그때는 '새파란 것이 까불어'처럼 그 사람을 낮추는 표현이 된다.

• 서울에서 가장 구경하고 싶은 것은 남대문시장이다.

이 문장도 '것'이 껄끄럽다. '남대문시장'은 장소를 뜻하는 말이므로 '것'이 아닌 '곳'을 쓴다. '이것, 이곳, 이 사람, 이 꽃, 이 집' 등 지시하는 말을 잘 구별해서 쓰는 게 좋다. 위의 제시문은 다음처럼 바꾼다.

☞ 태풍에 처음으로 이름을 붙인 사람은 호주의 예보관들이었다.

지시어를 잘못 사용하면

> • 사람은 모름지기 큰 꿈을 갖고, 이를 이루기 위해 노력해야 한다.

글에서 동어 반복을 피하는 방법 중 하나는 '이, 그, 저' 등의 지시어를 사용하는 것이다. 예컨대 '철수와 철수의 가족'을 '철수와 그 가족'으로 바꿀 수 있다. 그런데 지시어를 잘못 사용하면 글의 완성도가 떨어지거나 의미가 잘못 전달될 수 있다.

① 자린고비 영감의 행동에 대한 철수의 의견과 그 까닭을 알아보자.

일반적으로 지시어는 자기 바로 앞에 나온 말을 가리킨다. 곧 ①에서 '그 까닭'의 '그'는 '의견'을 뜻하게 된다. 그런데 '의견의 까닭'이라는 표현은 논리적으로 성립할 수 없다. 그러므로 '그 까닭'이라고 표현한 것은 적절치 않다. 이 경우 다음처럼 지시하는 말을 구체적으로 밝혀 주는 게 좋다.

☞ 자린고비 영감의 행동에 대한 철수의 의견을 알아보고, 그런 의견을 낸 까닭은 무엇인지 생각해 보자.

다음 예문도 지시 대상이 구체적으로 드러나지 않았다.

② 고장이 발생한 지점과 그것을 쉬쉬한 이유는 무엇인가.

문맥상으로 볼 때 지시 대명사 '그것'은 '고장이 발생한 사실'을 가리킨다. 즉 고장 발생 사실을 쉬쉬했다는 뜻이다. 그런데 실제로는 이와 달리 앞말인 '지점'을 가리키는 것으로 읽힌다. 글이 조금 늘어지더라도 다음처럼 지시 대상을 구체적으로 밝혀 주어야 한다.

☞ 고장이 발생한 지점은 어디이고 고장(또는 '고장이 발생한 사실')을 쉬쉬한 이유는 무엇인가.

다음 예문도 지시 대상이 불분명하다.

③ 아무리 돈을 많이 벌어 부자가 되었어도 그것을 엉뚱한 데에 쓰면 소용이 없다.

이 문장에서 '그것'이 가리키고자 한 것은 '돈'이다. 하지만 읽는 사람은 '돈'이 아닌 다른 무엇을 연상할 수도 있다. 예컨대 아래의 ④처럼 '마음'을 중심어로 내세운 선행 문장이 있다면 '그것'은 '돈'이 아닌 '마음'을 가리키게 된다.

④ 사람은 모름지기 마음을 잘 써야 한다. 아무리 돈을 많이 벌어 부자가 되었어도 그것을 엉뚱한 데에 쓰면 소용이 없다.

그러므로 ③에서는 '그것'을 '그 돈'으로 구체화하는 게 좋다. ④에서도 '그것'을 '그 마음'으로 구체화하면 의미가 더 명확해진다.

맨 위의 제시문도 이와 같은 형태이다. 따라서 다음처럼 '이를'을 '그 꿈을'로 적는다.

☞ 사람은 모름지기 큰 꿈을 갖고, 그 꿈을 이루기 위해 노력해야 한다.

 더 알아보기

- 사람들은 자연에서 자원을 얻거나 이를 이용하여 물건을 생산한다.
→ 사람들은 자연에서 자원을 얻거나 그 얻어진 자원을 이용하여 물건을 생산한다.

- 슈바이처는 가족과 선생님, 친구들에게 아프리카에 가려고 결심하였다는 편지를 보냈다. 그 편지를 받은 사람이나 그것을 전하여 들은 사람은 모두 깜짝 놀랐다.
→ 슈바이처는 가족과 선생님, 친구들에게 아프리카에 가려고 결심하였다는 편지를 보냈다. 그 편지를 받은 사람이나 그러한 소식을 전하여 들은 사람은 모두 깜짝 놀랐다.

170

비교급 표현
'… 보다'와 '… 에 비해'의 구분

- 이자가 원금의 2배 이상 많은 경우도 있었다.

우리말의 비교급은 대개 ' … 보다 … 더'의 형태로 실현된다. '형보다 5cm 더 크다'와 같은 예다. 이 경우 '더'를 생략하여 '형보다 5cm 크다'로 할 수도 있다. 그런데 원문은 '보다' 대신 '의'를 넣어 '원금의 2배 이상 많다'로 표현했다. 이는 '형보다 5cm 크다'를 '형의 5cm 크다'로 표현한 것이나 마찬가지여서 문법 범주를 벗어난다. 다음처럼 표현해야 한다.

☞ 이자가 원금보다 2배 이상 많은 경우도 있었다.

한편, 비교를 나타내는 우리말 표현에는 ' - 보다 더' 외에도 몇 가지가 더 있다. 그중 하나는 원문처럼 '의'를 사용하는 것인데, 이 경우에는 ' … 의 얼마(가) 되다' 또는 ' … 의 얼마이다'의 형태로 실현된다.

☞ 이자가 원금의 2배 이상 되는 경우도 있었다.
☞ 이자가 원금의 2배 이상인 경우도 있었다.

이 밖에 '…에 비해'를 사용하여 비교 구문을 만들기도 한다. '사진에 비해 실물이 더 예쁘다'와 같은 예다. 이때 '…에 비해'는 '…보다' 구문으로 대체될 수도 있다. 즉 '사진보다 실물이 더 예쁘다'가 가능하다. 하지만 양자가 100% 호환되는 것은 아니다. '나보다 낫다'를 '나에 비해 낫다'로 바꾸기는 어렵다. 반대로 '노력에 비해 성과가 약하다'를 '노력보다 성과가 약하다'로 바꿀 수도 없다. 나아가 글에 따라 양자의 선호도가 갈리기도 하고 미세한 의미 차이를 보이기도 한다.

① 그 회사는 {경쟁 회사보다/경쟁 회사에 비해} 월급이 10% 많다.
② 그 회사는 {타사보다/타사에 비해} 월급이 10% 많다.

'…보다'는 양자가 직접적이고 구체적인 비교 대상이 될 때 쓴다. '그가 나보다 낫다'는 '나'와 '그'가 직접 비교 대상이 된다. 반대로 '…에 비해'는 간접적이고 상대적인 비교 대상이 될 때 쓴다. '노력에 비해 성과가 약하다'는 '노력'과 '성과'라는 이질적인 것이 상대적인 비교 대상이 되고 있다. 그런 기준 아래 위의 예문을 보면, ①의 경우 '그 회사의 월급'과 '경쟁 회사의 월급'을 단순 비교하고 있다. 따라서 '…보다'가 어울린다. ②의 경우 '타사'는 특정 회사가 아니어서 양자의 월급을 단순 비교할 수 없다. 따라서 '…보다'보다는 '…에 비해'가 어울린다.

171

'보다'와 '제일/가장'의 불편한 동거

> • 젊은 사람들은 돈보다 사랑을 제일 중요하게 생각한다.

'보다'는 비교급에 쓰이는 조사로서 부사 '더'와 짝을 맺는다. 예문의 '제일'은 최상급에 쓰이는 부사이므로 '보다'와 짝을 맺기가 어렵다.

☞ 젊은 사람들은 돈보다 사랑을 더 중요하게 생각한다.

'보다'를 살려 쓰려면 이처럼 짝이 되는 말 '제일'을 '더'로 바꾼다. 그런데 최상급 '제일'을 살려 쓰려면 어떻게 해야 할까. 이 경우 '보다'를 다른 말로 대체해야 하는데, 그게 마땅치 않다. 기본적으로 최상급은 '둘'이 아닌 '셋 이상'을 비교하기 때문에 '돈'과 '사랑' 둘만을 비교하는 위의 문장에는 적합하지 않다. 따라서 다음처럼 셋 이상을 비교하는 말로 바꾸어야 할 것이다.

☞ 젊은 사람들은 돈이고 뭐고 사랑을 제일 중요하게 생각한다.

이 밖에 '제일'을 살려 쓰는 방법으로는 비교 대상인 '돈'을 언급하지 않는 방법, 문장의 틀을 바꾸는 방법 등 여러 가지가 있다.

☞ 젊은 사람들이 제일 중요하게 생각하는 것은 사랑이다.
☞ 젊은 사람들이 제일 중요하게 생각하는 것은 돈이 아니라 사랑이다.

한편, '보다'가 비교급이 아닌 최상급에 쓰일 수도 있다. '무엇보다'나 '그 어느 것보다' 등의 표현은 최상급에 해당한다.

• 세상을 살아가려면 무엇보다 중요한 게 돈이다.

이 경우에는 예외적으로 '보다'가 '제일'과 어울리기도 한다.

• 세상을 살아가려면 무엇보다 돈이 제일 중요하다.
• 젊은 사람들은 무엇보다 사랑을 제일 중요하게 생각한다.

하지만, 이 문장도 썩 자연스러워 보이지는 않는다. 흔히 이처럼 표현하기는 하지만 왠지 불안정한 느낌이다. 이 경우에도 '무엇보다'를 삭제하면 더 깔끔하다.

 더 알아보기

• 철수네 조가 다른 조보다 성적이 제일 나빴다.
→ 철수네 조가 성적이 제일 나빴다.

→ 철수네 조가 다른 어느 조보다 성적이 나빴다.

→ 여러 조 중에서 철수네 조가 성적이 제일 나빴다.

- 경험은 투자에 있어서 무엇보다 가장 중요한 자산이다.

→ 경험은 투자에 있어서 가장 중요한 자산이다.

→ 경험은 투자에 있어서 무엇보다 중요한 자산이다.

172

번역 투 표현 '가지다'

- 나와 다른 피부색을 가지고 있다고 해서 차별하는 것은 옳지 않다.

　'가지다(갖다)'는 본래 '소유하다'라는 의미를 지닌 말이지만 쓰임의 범위가 확장되면서 여러 의미로 분화되었다. '모임을 가지다', '개인전을 가지다' 등도 그중 하나이다. 이때는 '소유하다'가 아닌 '치르다'라는 뜻을 지닌다. '가지다'의 의미가 분화된 원인 중 하나로 우리의 번역 관행을 빼놓을 수 없다. 즉 'have'를 '가지다'로 직역하는 습관이다. 예컨대 'have a good time'을 '좋은 시간 보내세요' 대신 '좋은 시간 가지세요'로 번역하는 것이다. 이러한 번역투 표현은 대개 단어 결합력이 약하기 때문에 껄끄러운 느낌을 주기 십상이다. 또 토종 표현을 몰아내는 결과를 낳기도 한다. 신문 등 언론 매체에 자주 등장하는 상투어 ' … 에 다름 아니다'가 그런 예이다. 이는 ' … 와 다를 바 없다'라는 토종 표현 대신 쓰이곤 한다.

　제시문의 '피부색을 가지다'도 번역투로 볼 수 있다. 일반적으로는 다음과 같이 표현한다.

　☞ 나와 피부색이 다르다고 해서 차별하는 것은 옳지 않다.

한편 고등학교 국어책에서는 번역투 표현으로 '회의를 갖다', '⋯ 에 값하다', '아무리 강조해도 지나치지 않다', '회의에 있어', '배 침몰과 함께 사망하다' 등을 들고 있다. 그런데 흥미로운 점은, '회의를 갖다'의 경우 이와 비슷한 '간담회를 가지다(갖다)', '토론회를 가지다(갖다)'가 국어사전에 예문으로 실려 있다는 것이다. 따라서 이 표현을 번역투로만 몰고 가는 것은 다소 섣부를 수도 있다. 사실 이를 대체할 만한 토종 표현을 찾기도 마땅치 않을 때가 있다. 그렇지만 '가지다'가 자신의 의미 범주를 벗어나서 기능한다는 느낌만은 부정할 수 없다.

더 알아보기

- 우리와 다른 입장을 가진 사람들과 함께 어울려 살고 있다.
→ 우리와 입장이 다른 사람들과 함께 어울려 살고 있다.

- 당신은 아주 단단한 코를 가졌으니 이런 구린내쯤은 아무렇지도 않겠지.
→ 당신은 코가 아주 단단하니 이런 구린내쯤은 아무렇지도 않겠지.

173

세 개의 사과, 사과 세 개

> ㉠ 내가 하나의 질문을 해 보겠네.
> ㉡ 두 마리의 토끼가 뛰어놀고 있다.

㉠의 '하나의 질문'은 번역투 표현이다. '한 가지 질문'이나 '질문 하나'로 표현해야 우리말답다. 또 ㉡의 '두 마리의 토끼'보다는 '토끼 두 마리'가 더 우리말답다.

• 절대다수의 비행기는 놀라울 정도로 적은 사고의 위험이 있다.

위의 문장은 우선 '절대다수의 비행기'가 전형적인 번역투이다. 그렇다고 '대부분의 비행기'로 대체한들 어색함의 정도 차이만 있을 뿐이다. 이 문장은 '사실 비행기는 …'으로 시작하면 자연스러워진다. '적은 사고 위험이 있다'도 '사고 위험이 적다'로 표현한다.

 더 알아보기

• 그래도 오직 한 명의 일꾼만은 열심히 일하고 있었다.

→ 그래도 일꾼 한 명만은 열심히 일하고 있었다.

• 개와 고양이는 네 개의 다리를 가진 동물이다.

→ 개와 고양이는 다리가 네 개 달린 동물이다.

→ 개와 고양이는 다리가 네 개인 동물이다.

174

끊어 읽을 곳에는 쉼표를

> • 친구 간에 가장 중요한 것은 믿음이고 그 다음이 서로 돕고 배려
>   하는 것이다.

한 문장에 연결어미 '- 고'가 연이어 나온다. '믿음이고'와 '돕고'가
그것인데, 이처럼 같은 연결어미가 연이어 나오면 문장을 빨리 읽을 때
두 곳 중 어디서 끊어 읽어야 할지 헷갈릴 수 있다. 이는 그만큼 뜻을
파악하기 어렵게 한다는 뜻이기도 한다. '- 고'가 연이어 나오지 않도
록 하는 게 근본 처방법이지만, 굳이 위의 표현을 살리고 싶다면 끊어
읽을 곳이라도 친절히 알려주는 게 좋다. 여기서는 '믿음이고' 뒤를 끊
어 읽어야겠다. 따라서 그 뒤에 쉼표를 넣는다.

☞ 친구 간에 가장 중요한 것은 믿음이고(,) 그 다음이 서로 돕고 배
  려하는 것이다.
☞ 친구 간에 가장 중요한 것은 믿음이다. 그리고 그 다음이 서로 돕
  고 배려하는 것이다.

- 먼저 자기 자신을 정확하게 알고 장점은 발전시키고 단점은 극복해 나가라.

→ 먼저 자기 자신을 정확하게 알고(,) 장점은 발전시키고 단점은 극복해 나가라.

→ 먼저 자기 자신을 정확하게 알고 난 뒤에 장점은 발전시키고 단점은 극복해 나가라.

- 산이 그렇게 생긴 까닭이나 강이나 호수가 그곳에 있는 이유를 생각해 보자.

→ 산이 그렇게 생긴 까닭이나(,) 강이나 호수가 그곳에 있는 이유를 생각해 보자.

→ 산이 그렇게 생긴 까닭 또는 강이나 호수가 그곳에 있는 이유를 생각해 보자.

175

쉼표와 가운뎃점의 구별

> • ○○당은 서울 서초·부산 사하를 우세 지역으로 분류했다.

일반적으로 가운뎃점은 짝을 이루는 단어들을 연결하는 데 쓰인다. '하천 수질의 조사·분석', '빛의 삼원색은 빨강·초록·파랑이다' 등이 그러한 예이다. 다만, 이때는 가운뎃점 대신 쉼표를 넣어 '조사, 분석', '빨강, 초록, 파랑'으로 표기하기도 한다. 즉 단어들을 연결할 때는 둘 중 어느 것을 써도 된다. 하지만 단어끼리 띄어져 있는 구나 절을 연결할 때는 가운뎃점 대신 쉼표를 쓴다.

> • 취약 계층이란 저소득자·저신용자·재산이 적은 사람들을 일컫는다.

위의 예문은 단어인 '저소득자', '저신용자'와 절인 '재산이 적은 사람들'을 가운뎃점으로 연결했다. 하지만 가운뎃점은 단어와 단어를 잇기 때문에 얼핏 보면 '저소득자', '저신용자' 그리고 '재산'이란 세 단어를 연결한 것처럼 해석하려는 심리가 생겨나게 된다. 같은 이유에서 위의 제시문도 '서울 서초'와 '부산 사하'가 아닌 '서초'와 '부산'이 짝을

이루는 것처럼 보인다. 이 같은 착각을 배제하려면 가운뎃점을 쉼표로
바꾸어야 한다.

더 알아보기

- 사회 조사 방법론에는 양적 연구·질적 연구 및 이 둘을 합한 통합
  적 연구 등이 있다.
→ 사회 조사 방법론에는 양적 연구, 질적 연구 및 이 둘을 합한 통합
  적 연구 등이 있다.

- 쉼표는 어구 연결·절 접속·휴지 등 다양한 기능을 하는 부호이
  다.
→ 쉼표는 어구 연결, 절 접속, 휴지 등 다양한 기능을 하는 부호이다

- 변호사는 사무소이전·개업·휴업 및 폐업을 자유롭게 할 수 있다.
→ 변호사는 사무소 이전, 개업, 휴업 및 폐업을 자유롭게 할 수 있
  다.

쉼표를 잘못 사용한 경우

- 시청 앞에 공원이 조성, 시민의 휴게소 기능을 하고 있다.

동사나 형용사는 문장 내에서 여러 갈래로 어미 변화가 이루어진다. 예컨대 '조성하다'라는 동사는 '조성하여, 조성하고, 조성하니, 조성하므로' 등으로 변한다. 그중 어미 '-하여'는 쉼표로 대체되기도 한다.

① 시청 앞에 공원을 조성하여 시민들이 쉴 수 있도록 하였다.
☞ 시청 앞에 공원을 조성, 시민들이 쉴 수 있도록 하였다.

이처럼 연결어미 '하여'를 쉼표로 대체하면 문장을 긴박하게 이끄는 효과가 있지만, 문어투 느낌을 주므로 신문 등 일부 매체에서만 주로 사용한다. 또 신문도 점차 이 표현을 줄여 가는 편이다.

그런데 이 같은 줄임 표현에는 많은 제약이 따른다. 우선 '-하여' 꼴이 아닌 '-하고', '-하며' 등의 꼴을 쉼표로 대체할 수는 없다.

②-1 시청 앞에 공원을 조성하고 도서관도 만들었다.
②-2 시청 앞에 공원을 조성, 도서관도 만들었다.

③-1 시청 앞에 공원을 조성하니 시민들이 많이 찾았다.

③-2 시청 앞에 공원을 조성, 시민들이 많이 찾았다.

②-2와 ③-2는 각각 '-하고'와 '-하니'를 쉼표로 대체했는데, 이처럼 표현하니 글을 해독하기 어렵다. 완연한 비문이다.

피동형 '-되어' 꼴도 줄일 수 없다. 맨 위의 제시문이 바로 '-되어' 꼴이다. 제시문은 '시청 앞에 공원이 조성되어 시민의 휴게소 기능을 하고 있다'를 줄인 것인데 비문에 해당한다.

 더 알아보기

- 그는 횡령 혐의로 구속, 재판에 넘겨져 2년간 형을 살았다.
→ 그는 횡령 혐의로 구속된 후 재판에 넘겨져 2년간 형을 살았다.

- 그는 이번에 회장에 선임, 2년간 조직을 이끌어 가게 되었다.
→ 그는 이번에 회장에 선임되어 2년간 조직을 이끌어 가게 되었다.

쉼표로 나열할 수 없는 경우

> • 그 기업은 매출액이 20% 감소, 영업이익은 10% 감소했다.

대등적으로 이어진 문장에서 같은 서술어가 되풀이되는 것을 피하기 위하여 일정한 부분을 생략하고 쉼표를 넣는 수가 있다.

① 개막식은 서울에서(열리고), 폐막식은 부산에서 열린다.
② 철수는 어제(여행을 떠났고), 영희는 오늘 여행을 떠났다.

그런데 이 같은 생략에는 제약이 따른다. 예컨대 ①의 경우 조사 '에서'마저 생략하여 '개막식은 서울, 폐막식은 부산에서 열린다'로 표현하기는 어렵다.

쉼표를 쓰려면 두 가지 조건이 갖추어져 있어야 한다. 하나는 앞뒤 말이 온전한 형태의 서술어를 공유해야 한다는 것이다. 예문 ①과 ②의 경우 공유어 '열리다'와 '여행을 떠나다'가 온전한 형태의 서술어이다. 반면 제시문의 경우 공유어가 ' - 하다'인데, 이것은 온전한 서술어가 아니라 명사를 용언으로 만들어 주는 접미사일 뿐이다.

또 하나는 쉼표의 기능이 '서술어 공유'임을 쉽게 알 수 있어야 한다는 것이다. 예컨대 ①의 경우 쉼표가 서술어 '열리다'를 공유하고 있음을 알 수 있다. 그런데 제시문은 '서술어 공유' 기능을 한다기보다는 다음 문장의 쉼표처럼 쓰이는 것으로 오해하기 쉽다.

③ 매출액이 감소, 울상을 짓고 있다.
④ 서울에 도착, 짐을 풀었다.

③의 밑줄은 '감소하여'를 줄인 것이고, ④의 밑줄은 '도착하여'를 줄인 것이다. 이처럼 명사 뒤에 쉼표가 붙으면 'X하여'로 해석된다. 그런데 제시문은 'X하고'가 줄어든 형태여서 이와 다르다. 앞부분에서 다루었듯이 'X하고'는 쉼표로 줄일 수 없다. 예컨대 '생산이 감소하고 소비가 감소했다'를 '생산이 감소, 소비가 감소했다'로 줄일 경우 '생산이 감소하여 소비가 감소했다'라는 엉뚱한 해석을 낳게 된다. 이런 이유로 인해 대등절이 'X하고'로 연결될 때에는 그 '-하고'를 쉼표로 대체하지 않는다.

⑤ 10명은 '찬성한다'라고, 5명은 '반대한다'라고 대답했다.

이 문장도 대등적으로 이어진 문장을 줄여 썼는데, 쉼표 부분이 매끄럽게 연결되지 않는다. 쉼표가 나열 기능을 하지 못하기 때문이다.

☞ 10명은 '찬성한다'라고 대답했고, 5명은 '반대한다'라고 대답했다.

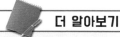

더 알아보기

- 우리 반 회장은 철수, 부회장은 영희이다.
→ 우리 반 회장은 철수이고, 부회장은 영희이다.

- 그 회사의 최대 주주는 사장, 부사장은 2대 주주이다.
→ 그 회사의 최대 주주는 사장이고, 부사장은 2대 주주이다.

- 철수는 부산, 영희는 대전으로 떠났다.
→ 철수는 부산으로, 영희는 대전으로 떠났다.

고급 문장 수업 / 좋은 문장을 만드는 핵심 코드 177

1판 1쇄 발행 │ 2018년 8월 20일
1판 4쇄 발행 │ 2024년 1월 10일

지은이 │ 이병갑
고 문 │ 김학민
펴낸이 │ 양기원
펴낸곳 │ 학민사

등록번호 │ 제10-142호
등록일자 │ 1978년 3월 22일

주소 │ 서울시 마포구 토정로 222 한국출판콘텐츠센터 314호(⑪ 04091)
전화 │ 02-3143-3326~7
팩스 │ 02-3143-3328

홈페이지 │ http://www.hakminsa.co.kr
이메일 │ hakminsa@hakminsa.co.kr

ISBN 978-89-7193-251-3 (03710), Printed in Korea

이 도서의 국립중앙도서관 출판사도서목록(CIP)은 e-CIP홈페이지(http://www.no.go.kr/ecip)와
국가자료공동목록시스템(http://nl.go.kr/kolisnet)에서 이용하실 수 있습니다.
(CIP제어번호 : CIP2018023442)